天下女人 盛开的幸福

天下女人
Her Village
杨澜 编
之 盛开的幸福
译林出版社

图书在版编目（CIP）数据

天下女人之盛开的幸福 / 杨澜编. — 南京：译林出版社，2013.10
ISBN 978-7-5447-4359-4

Ⅰ.①天… Ⅱ.①杨… Ⅲ.①女性－名人－访问记－中国－现代 Ⅳ.①K828.5

中国版本图书馆CIP数据核字（2013）第208129号

书　　名 天下女人之盛开的幸福
编　　者 杨　澜
责任编辑 陆元昶
特约编辑 包连荣
出版发行 凤凰出版传媒股份有限公司
译林出版社
出版社地址 南京市湖南路1号A楼，邮编：210009
电子信箱 yilin@yilin.com
出版社网址 http://www.yilin.com
印　　刷 三河市华润印刷有限公司
开　　本 710×1000毫米　1/16
印　　张 14.75
彩　　插 12
字　　数 170千字
版　　次 2013年10月第1版　2013年10月第1次印刷
书　　号 ISBN 978-7-5447-4359-4
定　　价 32.80元

机遇和努力对于一个人的成功是不可或缺的，一个新人不可能无缘无故火起来，杨幂的经历让我们更加相信这点。

杨　幂

所谓“勇气”，并不是无知者无畏，而是明知后果，却还要前行。
这说的即是郝蕾。

郝 蕾

周韵和胡军是两个特别可爱、真实的人，他们一个是很称职的母亲，一个是很称职的父亲。

周 韵 胡 军

在让很多女人都非常纠结的事情上，徐俐都有非常清晰的判断和选择，甚至能按逻辑进行量化分析。

徐　俐

胡可是素颜来到现场的，却漂亮得让人远远就能嗅到幸福的味道。

胡　可

龚琳娜老锣

事实上，龚琳娜和她那首被称为“神曲”的《忐忑》，并不是像孙悟空那样突然从石头缝里蹦出来的。

作为非科班出身的导演，李玉的电影中会有许多纪录片的影子。同时，在她的电影中，更多地也看到了她对内心，对社会的叩问。

李　玉

陈　数

无论是荧幕里，还是生活中的陈数，都希望能够经历一些与众不同的可能性，而在这些充满变数的可能性中令她一帆风顺的，没有别的，仅仅因为：她心中有数。

张　宁

在国家队，教练有极高的权威性，但要是碰到任性、骄傲的队员，张宁也自有高招。

蒋雯丽

说起业内实力派演员，必有孙淳和蒋雯丽的一席之地。两人在《幸福来敲门》中和古灵精怪的杨紫一起演绎了上世纪 80 年代的一段岁月。

袁　立

都说女人心难猜，特别是脾气来之快去之快更是让人摸不清门路，袁立也如此。

她以湖南卫视一姐身份隐退电视圈，几年间，她经历事业沉浮，收获美满婚姻，成为母亲，现在她以制作人的身份重返湖南卫视。

李　湘

目录

前言

女性的解放

我们对“解放”这个词有点隔膜了，但这并不意味着我们已得到完全的自由。其实，自由也是相对的，它在眼前停了一会儿，又跃身向前去了。所以，“解放”也只好一路紧追。

“解放”对于我的外婆来说，很简单，就是不再裹脚。她出生于浙江绍兴一个没落的书香门第，钱是不多的，但读书人有的规矩一样也不少，其中当然就包括给女孩子裹脚。下手的是她的母亲，一个温柔贤惠、不识字的小脚女人。孩子自然是要哭的，夜以继日地哭。那稚嫩的脚骨在无情的裹脚布里扭曲变形，如何能不哭呢？为了惩戒孩子“不懂事”在夜里悄悄剪开裹布的行为，做娘的只有狠了心把布缝到皮肉里去！娘也哭了，一边缝一边说：“谁叫你是姑娘呢！大脚的女人嫁不出去的！忍着吧，娘也是这样过来的。”这已是辛亥革命之后了。外婆的父亲见闻广些，听说大城市里男人剪辫子，女人也开始放脚了；或许更是因为实在不忍心听见心爱的女儿如此惨烈地号啕，他对妻子说：“算了吧，世道在变呢，等她长大了，兴许大脚也能找到婆家了。”

就这样，外婆裹到一半的脚被解放了，尽管当娘的还满心怀疑：“女人长那么大一双脚，多丑啊！”其实外婆的脚并不大，鞋码只有五号，后半生常在儿童鞋店买鞋。但就是这一双五号的脚足以让她登上去黄浦江的渡船，来到上海滩。在那里，她从缝制手帕开始，后来与丈夫一起开办了一家小小的夫妻店，生了八个孩子，活下来五个。她最有成就感的时刻是每年农历新年时，烫了头发，略施粉黛，给一家老小穿上自己亲手做的新棉袄，然后一起坐着黄包车到西式照相馆去拍一张全家福。那份富足和安乐让她容光焕发。

"解放"对于我的母亲来说，是有机会读书。她是长女，从小功课就好，学校里的老师没有不喜欢她的。等她上完初中的时候，家境不佳，外婆有意让她去念个职业学校，早些毕业养家。但她的班主任不放弃，一次次上门找家长谈心，说："女孩子读书，读得这么好不容易，要让她上大学，女子也可以有出息的。"外公外婆踌躇了很久。终于有一天，他们翻出了压箱底的一点黄金，拿去卖了。几年后，妈妈成了家里的第一个大学生，从上海保送到了北京。再后来，她嫁给了我父亲，一个同样从上海到北京读书的年轻人。结婚前，他送给她一件粉红色的的确良衬衫，这便成了她的结婚礼服。结婚照上她腼腆地笑着，憨厚、纯净。

我呢，带给我"解放"的是什么？

当然，首先想到的，是不再像母亲那辈人一样受穷了。当年让她欣喜的几斤不要粮票的豆腐，排了几个月的队才能买上的自行车、缝纫机，请木匠到家里来打制的土沙发，还有仿木纹的塑料地板革……今天的我虽然回味起来饶有兴趣，但在自己的家居生活中已经看不见了。

还有，就是不再有那么大的恐惧。因为外婆那只有一名雇工的店铺，母亲落下了"小资产阶级"的家庭出身。在那个时代，不能入党对母亲一定是一种打击；"文革"中，红卫兵半夜来砸门查户口，强令正在陪她坐月子的外婆"回原籍接受批判改造"，让她至今心有余悸。恐慌中，她烧掉所有的日记，并把外婆在她结婚时送她的一枚戒指扔到了厕所里。我记得自己上小学的时候，有一次问妈妈："老师说每个人都会犯错误，那毛主席的错误是什么呀？"她惊恐地一把捂住我的嘴，赶紧去查看走廊里有没有人经过，然后回转身来用最严厉的口吻训斥我说：

“这样的话永远永远不许再说了！”

再有，我们可以选择自己的职业道路了。我们这一代人大学毕业时，国家第一次不包分配了。我们不用诚惶诚恐地等待指令，也不必在一个单位里终老此生。如果没有中央电视台不拘一格地选拔主持人，没有出国留学的机会，没有资讯和媒体的进一步开放，没有独立创业的条件，今天的我，生活一定没有这样充满刺激、挑战和创造的乐趣。这是时代带给我们的解放，但同时也带给我们新的问题。我们为什么会有焦虑、不安、困惑、迷茫？事业的成功一定会带给我们幸福和快乐吗？女性在显著地推迟了婚姻和生育年龄之后，如何看待自己在家庭中的责任？当我们把昂贵的化妆品涂抹在脸上时，我们花了多少时间关注身心的健康？为什么一方面中国女性就业率名列世界前茅，同时还有近一半的女人认为“干得好不如嫁得好”？我们该如何获得婚姻的安全感，我们是掌握男人的胃口、钱袋还是他们的心？我们该怎样养育我们的孩子，告诉他（她）男孩子“不许哭”、女孩子怎样才是“真漂亮”？又该怎样向他们解释妈妈又要出差了？

《天下女人》希望成为这样一间会客厅，听大家来说说这些事，是女人的事，又不只是女人的事。有人说，成功的大小取决于一个人应付复杂环境的能力。我觉得这话用在所有女人身上都合适，因为我们天生需要应付比男人更复杂的环境，我们的平衡技巧在这个充满诱惑和压力的时代尤显可贵。如何做，那就是各显神通了。一起来聊一聊可以相互有所启发。

如果只用一句话来描述《天下女人》的节目内涵，那就是“女人，要对自己负责”，无论在身体上、情感上、经济上，还是精神上。我们的幸与不幸都不能盲目地归属于其他人，无论是父母、丈夫，还是孩子。我们自己首先应当是独立的有尊严的个体，这让我们有爱的能力。

记得大学毕业时，父母亲把我叫到跟前，对我说：“咱们家没有什么门路可以走。你已经完成了应受的教育，往后的路，自己去闯吧。

记住，女孩子要学点真本事。”我当时的心情紧张而无助。终于不可避免地长大了，我不知自己将要面对什么。今天回头一想，那正是父母给我的最好礼物，我的解放从那一刻开始。

杨　澜

杨幂

华丽穿越——杨幂

见到杨幂，觉得这个女孩子除了灵气之外更多了一些成熟，也许这是随着作品越来越多，在圈中经历也越来越多所沉淀下来的一种气质。之前就听说过杨幂的快言快语和直率，在交谈过程中也确实感受到她的真实与直白，但这样的直接并不让人抵触，反而是觉得这样一个女孩子，她不会去装不会去演，而是真真实实地把自己呈现在你面前。

编导手记

我不知道其他人对杨幂的第一印象是通过哪部电视剧获得的，有可能是通过新《红楼梦》里端庄的晴雯，有可能是通过《仙剑奇侠传三》里活泼搞怪的唐雪见，还有可能是通过火得不行的《宫》才第一次认识到杨幂，而杨幂给我印象最深刻的是在《神雕侠侣》里面那个灵气十足的郭襄。对，就是“灵气”这个词，我觉得这个词是杨幂给我的印象的最好最高度的概括。

我始终觉得机遇和努力对于一个人的成功是不可或缺的，一个新人不可能无缘无故火起来，杨幂的经历让我更加相信这点。大家看到的是通过《宫》人气暴涨的杨幂，但是台上一分钟台下十年功，台下她所经历的苦和累不亚于任何一个演员。

杨幂是一个珍惜机会的人。也许很多人有这样的感觉，近几年的她作品越来越多，无论是主演还是客串，许多影视作品中都会出现她的身影。最辛苦的时候她同时拍5部戏，甚至白天晚上都在不同城市拍不同的戏。我也曾很不理解为什么她要把自己弄得这么辛苦这么累，杨幂的回答是“我只是想把握住这个机会”。做新人时机会不多，有了机会便想好好把握，趁着年轻，不断去尝试，不断去挑战一下自己的极限，杨幂付出的是很多演员都会经历的苦楚，但她所做到的却并不是每一个演员都能做到的。

同时，杨幂也是个幸运的女孩子。很小就接触到演戏，中学就有了出镜的经验，艺考的时候真实纯净的表现让她脱颖而出，进入电影学院学习。聊天的过程始终是很愉快的，因为她愿意敞开心扉和你聊任何东西，其中包括对她的各种非议。人红是非多，不管是“耍大牌”还是“整容”，杨幂都从容地回应与解释。她已经够红了，但她仍然谦虚而且知道一切都是来之不易的。对于在许多节目上聊过的话题，她还是会耐心地和我们交流，包括与家人的相处方式等等。别看她年轻又靓丽，她其实最向往家庭式的幸福，用她的话来说就是“然后回到家，有个人陪你柴米油盐”。这种平平淡淡、朴实无华的幸福其实恰恰是我们许多人求而不得的，有一个家，有一个陪你到老的人，有孩子绕膝下，有闲情看日出日落。

在角色之间来回穿越

杨　澜：最近我发现有一个词特别特别热门，叫作“穿越”。你们是从哪儿穿越过来的？

观　众：天津。

李　艾：那得坐火车。

杨　澜：他们是跨越了地域的限制。通常“穿越”是指时光的穿越。

李　艾：你今天穿越了吗？

杨　澜：我那天看《时代周刊》上有一个故事，这个故事我觉得既让人向往，又让人产生某种恐慌。这个故事说的是现代的很多科学家分析和预测，到了2045年的时候，电脑技术还有一些生物化学的技术，能把我们的记忆和思维方式都储存在大型的计算机里。即使我们不在了，这个计算机还在运转，也就是说我们的思想在那里，产生新的火花。是不是听上去有点……

赵守镇：好恐怖啊。

杨　澜：当时就很想看看到2045年的时候这个世界会是什么样子，所以我想穿越到未来。

赵守镇：很勇敢啊。

杨　澜：今天说到了“穿越”的话题，把这个话题带到我们现场的，就是在一部非常火爆的电视剧《宫》当中扮演了一个穿越时空的女孩子形象的炙手可热的明星，有请杨幂。你好，你好。

杨　幂：你好。

赵守镇：你好。

杨　澜：来，请坐。能不能给我们说一说这个角色当初最吸引你的是什么地方？你怎么看待这种穿越的故事情节的安排？

杨　幂：我其实是拍了很多古装戏的，这次有一个能演穿越戏的机会，在古装戏里，你可以按照现代人的做派去演，就是一些阿哥还有格格们按照礼数讲话的时候，我就可以随便演，怎么样演都可以。

杨　澜：那拍这部戏的时候有没有遇到一些挑战和困难呢？

杨　幂：就是受尽各种折磨。

杨　澜：举例说明一下。

杨　幂：比如说在戏里被泼水啊，被扔到水里，被卖到青楼，然后被火烤。

杨　澜：被水浇啊，被火烤啊，这些可能在拍戏过程中真的会遇到。

杨　幂：对，对，对。就被扔到水里面两次，真的是呼啦一下就掉到水里面，还有就是火真的在你后面烧的那种。

李　艾：看来剧组给你买的保险还是挺重要的。

杨　幂：对我很好。

李　艾：要保证你的安全。

杨　幂：对。因为拍那部戏确实挺辛苦，当时差不多每天都有三四十度，我们穿的衣服有三四层，戏里面女生都是中分的发型，清朝都是中分这样下来。收工卸妆以后，把头发撩起来，有两片儿是白色，又有一边是黑色的，就是被晒的，太热了。

杨　澜：而且里面有很多汗是蒸发不出来的，对不对？

杨　幂：每天都湿透了，还挺辛苦的。

杨　澜：我听说你曾经最紧张的时候是去年，去年拍了多少部戏？

杨　幂：11 部。

杨　澜：这 11 部是指 11 部电影和电视剧吗？

杨　幂：电影和电视剧都有，中间有客串的，也有主演的。最夸张的一次是 4 个月之内拍了 5 部戏。

杨　澜：那你怎么保证呢？为什么要接这么多戏呢？

杨　幂：就可能是想要做到吧。

李　艾：该不是公司逼你的吧？

杨　幂：没有，没有，是自愿的，是自己想要做。公司就会问现在有这样一个机会，你想不想做？想要做。那还有一个，也想要做。

杨　澜：你没有犹豫过吗？当时你已经接了4部戏，第5部戏来的时候你没有考虑过自己的身体，包括精力上的负荷已经很大了吗？

杨　幂：对，很大，那个时候基本上真的是没有休息的。而且因为演员拍戏是有一个人物状态在里面，就是你进入这个角色之后，你还要抽离出来进入其他的角色，其实这是很困难的一件事情。那个时间就不断地把自己分裂，分裂成好几个角色的这种状况。

杨　澜：能不能表述一下这种角色和角色之间的来回的穿越，对演员来说是一种什么样的挑战？

杨　幂：挺崩溃的，而且5部戏是在不同的地方拍。有两部在横店，一部在……

杨　澜：能说得更具体一点吗？比如说在横店拍的是？

杨　幂：在横店拍的一个是民女，一个算是当红的歌妓的那种，一个是在北京拍的人鱼，然后还有一个在河北拍的，是一个现代戏，是一个活泼的80后，还有一部是一个恐怖片。

杨　澜：你是演被吓到的还是吓别人的那个？

杨　幂：被吓到的。

杨　澜：所以每天都要"啊、啊"什么的。

杨　幂：对，我们很多恐怖镜头都是夜里拍的。

杨　澜：真的吗？

杨　幂：天黑了之后才拍。所以差不多下午五六点开始工作，工作到第二天早上五六点。我就经常是早上五六点收工了以后，工作人员去睡了，我洗个澡飞到下一个城市拍另一部戏，拍别的戏。可能天黑了再飞回来，完了再飞到下一个城市。

杨　澜：太崩溃了。

李　艾：为什么要这样？你失恋了吗？

杨　幂：没有。

杨　澜：为什么问这个问题？只有失恋的人……

李　艾：只有失恋的时候才会这样，把时间都排满。你看我们都抢着说失恋的时候一定是这样的状况，然后变得很瘦。

杨　澜：是因为有其他方面的不开心的事，所以要工作得那么辛苦吗？

杨　幂：不是，因为可能觉得以前当新人的时候，没有那么多的机会，等你做了一些工作，然后有了一些作品以后，慢慢机会会增多。因为没有机会的时候，你想要一些机会，那现在有了机会就……

杨　澜：但有的时候角色之间的穿越，会不会让你自己都搞糊涂了自己在演哪一个角色？有没有发生过这样的事情？

杨　幂：有。拍新《红楼梦》的时候，我还在拍另外一部戏，是《仙剑奇侠传三》。一边是很港台化的剧组，另外一边是很内地化的剧组。《红楼梦》这边的基调很慢，讲话都是文言；演《仙剑奇侠传三》的时候我会突然说古词，会突然说文言，就会节奏跟不上，那个时候就像被撕裂了一样。

李　艾：你会不会不容易原谅自己？因为处女座要求很完美。

杨　幂：超级要求完美的。

李　艾：说实话，今天的杨幂跟我想象中的不太一样。

赵守镇：我觉得她今天的状态跟平时完全不一样。

杨　澜：怎么会呢？

赵守镇：因为我看过她以前的访谈节目，坐的状态不是这样的，包括发型也不是这样的。

杨　幂：那我以前是什么样子的？

赵守镇：特别霸道的，就是那种很典型的北京女孩子，我不怕你，你是谁。

杨　幂：这是北京人的特点，我跟我家人相处的时候就是这样，想说什么说什么，最爱说的就是八卦，别人的家长里短这种。我爸经常问我演艺圈某个男生是不是很帅啊什么的，类似于这种很八卦的东西。

北京女孩，性格耿直

李　艾：那你觉得谁最帅啊？

杨　幂：跟我合作过的男演员，见到以后就没有神秘感了。

赵守镇：那所有的男演员，以前你喜欢，见到以后就不喜欢了吗？都是这样吗？

杨　幂：见到以后就变成朋友了，是挺遗憾的。

李　艾：我想想你跟谁合作过，胡歌，还有谁？

观　众：冯绍峰！

赵守镇：谁跟她最配啊？

观　众：冯绍峰！

杨　澜：好像你们还在微博上互相调侃来着，好像说什么要谈恋爱，后来大家就挺认真的，纷纷送祝福。

杨　幂：没有，可能因为北京人的性格，大家很容易成为朋友的，就比较不在乎这些东西，其实跟男生也就是朋友关系。这种性格你要真的碰到你喜欢的男生，反而会傻了。

李　艾：你有傻过吗？

杨　幂：我觉得如果我碰到一个自己很喜欢的男生，可能就会傻了。

杨　澜：现在还没有傻过……就自己琢磨去吧。

杨　幂：对，对。

杨　澜：那你算那种不愿意包装自己，不愿意说恭维话的女孩子吗？就是尽量真实的那种？

杨　幂：我还是尽量真实，万一我装，有一天被人戳穿，感觉肯定特别不好。如果能不让别人说的话，我觉得还是尽量做到最好。我就觉得我这一点已经做好了，你再说也不怕你，你说的不是真的。

李　艾：那这样吧，你很真实地评价一下我们3个。

杨　澜：这有点挑战性。

赵守镇：太不公平了。

李　艾：不能虚假啊。

杨　幂：那从谁开始呢？

李　艾：随你，随你。

杨　澜：我们都开始准备把盔甲穿上吧。

李　艾：对，我们想好了，我们可能得受到打击。

杨　澜：先从守镇开始吧。

杨　幂：我觉得她是很热情很开朗的，又很八卦的那种类型。

李　艾：很八卦？

杨　幂：因为她一说话就说我的八卦。我觉得她的性格很真实，让人感觉很舒服，我们肯定会很快成为朋友的。

赵守镇：把你的电话留给我，吃饭的时候你请。北京女孩喜欢请客。

杨　澜：我以为你要说有什么八卦的消息第一个通知她。

杨　幂：有八卦的事情可以跟我联系。

杨　澜：评价一下我吧。

李　艾：你放最后，你这个可能比较麻烦一点。

杨　幂：我经常看李艾主持的节目，我觉得一个女生又能做模特，又能去……

李　艾：这算恭维。

杨　幂：我就觉得很棒，我觉得能做主持的女生是很需要智慧的，像我这种肯定不可以。

李　艾：我看你在搓手了。

杨　幂：我会经常不好意思的，所以肯定不可以。

杨　澜：你看人家又表扬了你是模特，又说你很有智慧，看你乐不可支的。

李　艾：而且她是那种非常出名的只说实话的女孩子，所以我觉得很真实。

杨　澜：太好了，你照单全收。该我了。

杨 幂：杨澜姐是我的偶像，现在我床头放的就是你的书，你的一本写给女孩的……

杨 澜：亲爱的，我能告诉你一个残酷的现实吗？那本书跟我没有关系。

杨 幂：真的吗？

杨 澜：而且里面有很多是以讹传讹的，是我从来没有说过的话。

杨 幂：真的吗？

杨 澜：把它扔掉，但以后我们《天下女人》真的要出一个幸福历程的书，我觉得需要一套正版的系列的图书出来，以正视听，不然的话，我也深受困扰。

杨 幂：我觉得杨澜姐是充满智慧的女性，因为我觉得女生有漂亮的外表，但是早晚有一天会被看烦，所以我觉得女生一定要有强大的内心，有自信和智慧。

杨 澜：太好了，我今天太高兴了，今天晚上肯定睡得特别好。

杨 幂：我说的是实话。可能以前说话不注意，我从小跟我爸妈一起生活，所以我们说话都特别不注意，互相叫名字，我叫我爸爸妈妈的名字，然后我爸爸妈妈也会叫我爷爷奶奶的名字。

杨 澜：真的？你们早就穿越了。

杨 幂：特别民主，而且就比如说我们一家人，包括爷爷奶奶坐在一起吃饭的时候，都是自己去盛饭。我爷爷奶奶吃饭如果离锅很远，也是自己去盛饭。谁先坐下谁先吃，吃饱了就走，就不是那种……

杨 澜：就不是礼数特别严肃的？

杨 幂：完全没有礼数。

杨 澜：其实当一个学生从学校刚刚进入社会的时候，遇到一些人情世故的东西，通常会有两种反应。一种是下次我就闭嘴了，我学乖巧一点，察言观色，能不说就不说为妙；还有一种就是我行我素。你会选择哪一种方式？

杨 幂：我会收敛一点吧，但是还是说实话，要不然就不说。因为

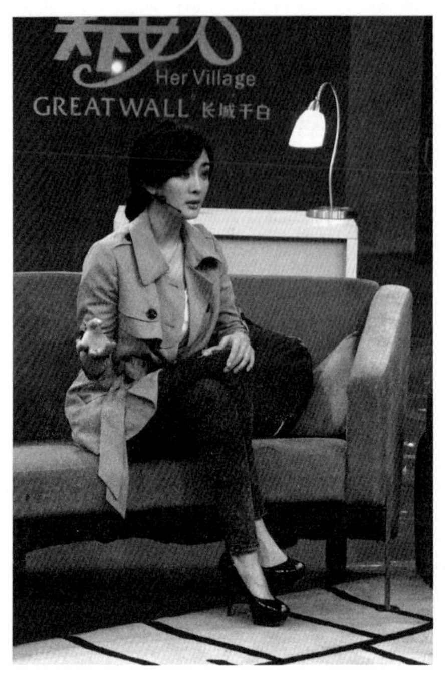

我觉得随着长大，也慢慢能够站在对方的立场上想，觉得这样说话确实会伤害到别人。因为不是说每个人都像你那样想问题、看事情，所以有的时候我挺无心的一句话，但是对对方来说是一种伤害。有的人可能宽容一点，觉得你年纪还小，就算了，但有的人真的会记住你，会因为这句话被伤到，所以这样挺不好的。

赵守镇：那你会在乎那些记者怎么评价你吗？

杨　幂：不在乎。

赵守镇：不看是吗？

杨　幂：我看到一些不实的传闻，或者是对我不好的报道的时候，我就会跟我的工作人员一起跟着报道继续说，接着编。还跟人说，你看你看又被人说了，其实我心态很好的。

李　艾：有没有成名的烦恼？因为有些时候突然被很多人关注，当你的微博的粉丝一下子变成四百多万的时候，会不会在高兴之余也有一些烦恼？

杨　幂：说实话，这些天才开始发现有一点点不一样，以前并没有这样觉得，因为我觉得最直观的只是说微博的粉丝量增加了，留言变多了，可能通告也变多了，仅此而已，并没有让我的生活有太多变化。而最近会发现，有一些人确实会恶意地攻击你，倒不是说网上的流言，甚至一些不实的传言，就是新闻的这种确实是编造的新闻，恶意地攻击你。

杨　澜：我今天早上还看到我的手机报上，说你最近在另外一个谈话节目上耍大牌怎么了，当时的情况是怎么样的呢？

杨　幂：对，我也是才看到的，然后就觉得奇怪。因为那天我们都是全程配合，节目当中也有很多主持人，也有那么多在场的观众，那么多工作人员，不是完全封闭的。大家都看到我的表现是怎么样的，还有我跟大家的配合度是怎么样的，有那么多人在看。所以我觉得突然间不明白怎么会有这样的传言，因为我没有。我没有耍大牌，何必要解释呢？

李　艾：但心里头肯定会有点不舒服吧？

杨　幂：只是我觉得人在做一件事情的时候，会有一个原因，他才会这样做。我尽量站在对方的角度去想，他为什么会这样做，然后就能理解。

杨　澜：后来想出什么原因了吗？

杨　幂：没明白为什么要这样。

杨　澜：是因为当时你某些举动被人家误解了还是怎么样的？

杨　幂：没有，那次还真的……

杨　澜：你回想起来根本不可能有误解的状况。

杨　幂：没有。

赵守镇：我觉得杨幂不用担心了，从小爸爸妈妈都已经把她培养成很强的女孩子了，她的内心应该很强大。

杨　幂：每天被家长攻击，所以内心很强大。

赵守镇：所以你就不是特别担心，自己越来越有名了，更火了，大家怎么说你都不会……

杨　幂：对。我前段时间看到一句话，很短的一句话，我觉得特别好，“因为理解，所以宽容”。你在看到这些的时候，你理解了，为什么人家会这样做，就知道了，所以会宽容一点。

杨　澜：哪怕说了那些对你不利传言的，你也试图站在他的角度理解他为什么要这样做，这个有点困难。

李　艾：这确实有点困难。

顺利的演艺生涯

李　艾：你很早的时候就知道演戏是件很辛苦的事情了吗？

杨　幂：不知道，因为小的时候不会把演戏当成一种每天在做的工作，就是说家长可能今天送小朋友去学书法，明天去学钢琴，那我的家长就送我去拍戏这样子。

李　艾：那为什么当时你填报考志愿的时候，好像就只有一个志愿，没有其他的志愿？为什么想当演员，想考电影学院？

杨　幂：因为高一开始我就去拍戏了，拍了3年戏，课业肯定落下一些，然后再反过来去考正常的大学，对于我来说其实是有难度的。可能只能考上大专，我觉得考本科有点难度。我爸说既然你已经做了3年的演员了，那就看看能不能考得上吧，考不上就算了，再想其他办法。那个时候我也没有把握一定能够考上，我当时是报了本科和我们那届的专科，我想本科考不上我就上专科，都考不上的话就再想其他办法。当时就觉得只是想上电影学院学习一下。

李　艾：那你很厉害啊，听说当年你好像是以第一名的成绩考进去的。

杨　澜：怎么样才能考到第一名？

李　艾：你是不是很有信心、很有准备的情况下考了第一名？

杨　幂：完全没有准备，完全没想到。因为我们同届的艺术类考生有很多是学形体的，跳了很多年舞，要不就是唱歌的，有很多艺校的考生。因为我是普通的初中，高中还是重点的那种，所以基本上没有时间接触这些，只是比别人多一些表演的经验。所以考的时候，我可能会比别人放松一点，有一点点表演经验，但是想不到我能考什么样的成绩。

杨　澜：当时你专业课考试的题目是什么呢？

杨　幂：专业课考试的题目就是，你在站台等人，然后接到电话，你等的这个人可能不来了，然后又怎么样。其实都是老师即兴出的题目。

李　艾：但是肯定也有考什么才艺之类的，让你唱个歌跳个舞。

杨　幂：有唱歌啊。

李　艾：那你唱的什么？

杨　幂：唱的就是《南泥湾》。

李　艾：来一个。

杨　幂：不要了，因为我当时考电影学院的时候唱歌就走调了。

杨　澜：所以显然人家不是音乐学院。

李　艾：无所谓，就是想看你的状态。

杨　幂：对，我当时就是胆大，比较放得开。我当时是那个考场100多个学生里面最后一个唱的，结尾的时候，老师说你可以过来唱了，当时我就特别大胆地一边唱一边演，然后就走调了，不知道走到哪儿去了。然后老师说，这位同学你走调了。

杨　澜：但是你知道吗，老师听着前面99个都没走调，所以对你印象深刻。

杨　幂：因为前面一些唱民族歌曲的，唱得非常好，老师可能觉得这个女生站出来也很自信，也不怯场，应该唱得还不错，结果我的调都跑到旁边屋里去了。

李　艾：艺考现在是一个热点，好多人在讨论，有好多女孩儿也想考北影啊，中戏啊。

杨　澜：你好厉害啊！那届有多少人去考？

杨　幂：6000多人吧。

杨　澜：取多少？

杨　幂：本科是30个。

杨　澜：太厉害了。

李　艾：都不止百里挑一。

杨　澜：比高考有难度，我觉得。

李　艾：今年也有两个童星出身的，严格说周冬雨不算童星出身，她是拍了一部电影，还有就是王莎莎，演莫小贝的，也去考试了。结果两个人呢，周冬雨考中了，王莎莎就没考上北京电影学院。所以好多人在讨论电影学院也好，中戏也好，讨论他们录取的标准是什么。

杨　澜: 而且还说做过童星的，是不是就真的有相应的一种优势呢?

李　艾: 你是过来人，你觉得标准是什么？什么样的女孩子比较容易被录取?

杨　幂: 我觉得自然、真诚、真实的女生容易被录取。如果你一上来就表现得我很有表演经验，我很爱演，我觉得对于这样的学生老师可能会觉得有一定的难度。因为他不在他的表演体系里面，老师要把你从这个体系里面拉到正式的体系里是有难度的。所以老师更喜欢真实的，不太懂得修饰自己的学生，一张白纸，老师觉得才好往上添颜色。

杨　澜: 我知道了，你这个经验传授了以后，明年基本上电影学院唱歌都是走调的，都显得非常真诚。

赵守镇: 我觉得我们 3 个去考试的话，肯定是我了，我考上的可能性最大，就是一张白纸。

李　艾: 不，不，你唱歌不跑调，我跑调。那除了这个，比如说外形上有没有什么要求?

杨　幂: 我觉得就是要干净利索，不要化太浓的妆。因为可能有一些女生，她们会化很浓的妆来修饰自己，然后黄头发，造型很夸张，明显是做过了造型去考试的，老师会想照片上跟这个人不大一样。所以尽量让自己干干净净的，很清爽，然后穿上简简单单的衣服，女生就是能显身材的那种紧身一点的衣服，去考试。老师问什么就回答什么，没有问就不要回答，不要急着表现自己。你优秀的话，老师自然会注意到你。

杨　澜: 我相信这对于很多电视机前的考生还有家长，都挺具有指导意义的。那你小的时候有这个天赋，是被谁发现的呢?

杨　幂：我小的时候是活泼无比的女生，我爸妈曾一度怀疑我有多动症，就是实在是管不住我。

李　艾：是不是感觉你是上了发条的，然后家长恨不得把你屁股后面的电池给抠下来的那种？

杨　幂：受不了了，等我长大了以后，我妈经常跟我说，要不是因为你小的时候长得漂亮，你都被打死了。恨得牙痒痒的那种。因为我小的时候是完全停不下来的那种，小的时候洗头都是家长给洗的。我洗头的时候必须好几个人帮忙，必须要求我爸把我倒立着，抱着我，然后还得给我讲笑话，可能旁边还要放着音乐，我手里玩着东西，我妈在底下给我洗。就是完全不能闲下来。

李　艾：其实我小时候也是这样的，我妈的说法就是我特别想把你扔进洗衣机，就不用麻烦了，而且是全自动的，还能甩干。

赵守镇：那你去拍戏的时候乖吗？

杨　幂：不乖吧，我不记得了，可能不乖。那个时候我爸让我做一件事情真的特别难，他让我往西我一定往东，但他想让我往东的话我就不。就活泼得不行了，那个时候表现欲有一点吧，就很爱去演，而且一演就停不下来。

杨　澜：导演说卡了还不让卡？

杨　幂：就是不停。我记得前些天有人从网上找出了一段（视频），你们应该都看过，就是有一段唱歌的，那是我6岁的时候，那时还没有牙齿。

杨　澜：不是没有牙齿，是换牙。

杨　幂：对，对，换牙，没有门牙。是演的六小龄童他们家的故事，叫作《猴娃》，我在里面演一个小病号。那场戏是一屋子的人围着我，我在给大家唱歌，那首歌的名字叫《小红帽》。其实那个镜头我只要唱两句就可以了，导演就喊卡了。我听当时的导演后来跟我讲的是，一停我就哭，机器必须要在那儿，你机器开没开我都知道，一定要等我把这首歌唱完才可以。

杨　澜：最近我们在做一个“寻找幸福力”的年度行动。幸福，每个人在不同的阶段都有不同的感受，但是我们觉得去获得以及去给予幸福，其实是一种能力和力量。我不知道你对幸福怎么理解的？你给我们描述一下你的幸福时刻。

杨　幂：可能在现阶段，我觉得幸福对我来说就是能陪陪家里人，能睡上一个自然醒的觉。我其实挺向往那种家庭式的幸福，就是每天工作很累，然后回到家，有个人陪你柴米油盐的这种。

李　艾：你喜欢什么样的男孩？

杨　澜：陪你柴米油盐的这种？

李　艾：这太不具有形象感了。

杨　幂：我觉得男生要有上进心和责任心，不管你的状况是怎么样的，你的事业到达一个什么程度。我觉得男生一定要有上进心，两个人在一起一定要有一个共同的目标，不管我们两个现在在什么位置，然后还要有家庭的责任心。

杨　澜：就这么说吧，如果有一天在你生命中出现了这样一位你爱的男友，他说你工作太辛苦了，或者是你出差的时间太多了，我需要你为了我放弃你的演艺生涯。

李　艾：我养你。

杨　澜：你愿意吗？

杨　幂：倒不一定说要他养我，但是如果我很爱他的话我觉得我会。

杨　澜：真的吗？有没有一位女士，或者你家庭当中的，或者你听到的看到的，她去追求幸福的过程，让你特别感动的？

杨　幂：我觉得就是我妈妈吧。可能对于孩子来说，有一个幸福的家庭是很重要的事情。小时候我不明白，看着家长在那儿，然后可能打打闹闹、相濡以沫，但是打也打不散的那种感情。可能慢慢长大以后，你就知道有一个好的家庭是多么重要，不一定要多轰轰烈烈，生活中肯定会出现一些琐碎的事情。我看我爸和我妈，从小到大，我觉得他们出现任何问题都不会让我知道。我眼里看到他们两个永远是很恩爱，而且是幸福地伴随在一起。我从小到大不知道我爸妈有什么问题，因为他们从来不会让我知道。

杨　澜：就在一个充满了爱和温暖的环境中长大？

杨　幂：对，这是特别好的，特别幸福的，在这样一个家庭中长大。小的时候不明白，觉得这是应该的，可能每个家庭都这样，你成长了之后，见到的人多了，会觉得其实这样的家庭有多么难得。可能看起来很平淡，但是真正很幸福的家庭。

杨　澜：所以你是一个相信能够得到幸福的人。

杨　幂：我相信。

杨　澜：所以我觉得有这么多的人能够关注你，能够喜欢你，其实是件很幸福的事情。虽然会有一点压力，甚至有时候会有一些烦恼，年轻的时候能够体验这么多不同的角色，穿越不同的时代，去体会不同的生活，其实是非常难得、非常珍贵的一段经历。

郝蕾

一个人的勇气——郝蕾

郝蕾是圈内公认的实力派女演员，但是始终都收获不到对等的掌声和荣耀，还频频被卷入舆论的旋涡。她为何被称为中国内地最豁得出去的女演员？爱情至上的她为何屡遭爱情的伤痛？

编导手记

郝蕾曾经说，如果她愿意，她可以比谁都圆滑世故，没有棱角。

可是她想要一种不虚假的“真实”状态。

所以她总是与周围格格不入。

所以她能够接演很多大腕儿想演却不敢演的《柔软》，只为了能在舞台上真实展现女性可能存在的所有状态。

所谓“勇气”，并不是无知者无畏，而是明知后果，却还要前行。

最豁得出去的内地女演员

杨　澜：郝蕾来到我们的节目已经不是第一次了，但是我觉得每一次都能够发现她新的一面，好像她的生活总是能够呈现出不同的层面，每次都给我带来一些惊喜。除了《柔软》中那个愤世嫉俗的女医生，我们也在她其他的影片中看到不同的形象，而我们今天更想聊的是一个在真实的生活当中勇敢的女孩儿。贾樟柯对你的评价是“乐观的勇敢”，文隽对你的评价是“最豁得出去的女演员”，你觉得自己算是豁得出去的吗？

郝　蕾：这个问题真的不在我这种人的考虑范围内，有什么是我们豁不出去的，你的身体早晚有一天会在这个世界上消失的，没有那么多禁忌，所以我觉得没有什么。如果你没有框，就不存在去突破这个框，因为你是大而无限的。所以对我来说，我觉得没有什么是豁不出去的。

李　艾：《柔软》这部戏，我们知道你接得还是挺爽快的。但是之前有一部戏好像你确实是挣扎了一阵子，叫《颐和园》对吧？为什么那部戏会让你那么挣扎？

郝　蕾：是因为那个时候年纪小吧。因为当时的情感会让你觉得，如果你去接拍一个这样的戏，你就会失去你的爱情。我之前也说过我的所有选择，其实都是带了其他人的感觉去选择。

杨　澜：如果从世俗的眼光看，可能会觉得那是一部尺度过大的电影是吗？甚至会觉得这个女演员为什么那么豁得出去？

郝　蕾：我有推掉过这个电影，我有推掉过。因为我的推辞，他们为了我牺牲很多，他们要把所有的场景都改掉，因为他们要等我。接近两个月的时间，可能这个行当里所有的人都比较清楚，所有的工作人员要重新签约，演员要重新挑，他们为我做了太多太多。我后来觉得，那时候其实我脑子不是很清楚，我就是很喜欢这个剧本，很喜欢这个角色，但后来我就是基本上要放弃了。其实我很难受，我已经放弃了这样一个我认为很好的电影，可是我的爱情并没有明显好转，或者是改善。我就慢慢发现，跟一个电影或者一个事件没关系，那基础本来就不是很牢固的。

李　艾：所以本来你害怕，你不想接这个电影，很重要的原因是你怕接了这么大尺度的电影，你的男朋友会因为这个不喜欢，或者不高兴要离开。但是在你还没接下来的时候，你就发现你男朋友其实已经不在你身边了。

郝　蕾：爱情跟这个没关系。只不过我总是想用我的牺牲去换些什么，当然我们之前已经有很多矛盾了，我认为我的牺牲跟容忍是可以换回些什么的。他也知道我是很爱这样一部电影的。这对于我来说，当时是我最大的牺牲，就是我已经牺牲了，但是其实还是没有什么改善。所以我慢慢看清，冷静下来就觉得其实这段爱情并不是你做些什么就能够决定的，哪怕你付出自己的生命。但是这样就太无趣了，爱情不是要你付出生命而是要你快乐。

李　艾：当时媒体上有些报道说，邓超当初离开你就是因为你拍了这个戏什么的，但你也没有解释过，其实跟这个戏根本没有关系。

郝　蕾：那些报道他也是受害者，因为当时我们都是小孩子。其实我不太愿意提到某一个人的名字，因为我觉得大家现在都各自过自己的生活，他也很幸福，我也很为他开心，但是当时其实我们都是无知的，我们对所谓的宣传绯闻一无所知。当那个新闻第一次出来的时候，我那时是不经常上网的，然后突然有记者很早就打给我电话。我说你在说什么，你是哪里的。他说你今天是新浪的头条，你不知道吗。我说是吗，我真的不知道，然后我挂了电话就去看。看完以后我真的非常非常震惊，而且他也是非常震惊。就是某一个团体为了宣传他们的某一个电视剧，可以把我们撕裂歪曲成那个样子。我觉得我不能站出来说话，因为我站出来说话，我伤害的不是那个团队，可能我站出来说话他们就更开心了。我站出来说话，那我伤害的是我曾经爱过的那个人，我是不能这样做的。

李　艾：也就是说，你宁可把这种伤害和痛苦自己承受下来，其实是为了不要伤害已经分开了的对方？

郝　蕾：是的。

李　艾：这其实是一种善，非常大的善。

杨　澜：对，有的时候不在于说了什么，而在于你没说什么。

李　艾：那你当时真的还挺能忍得住，因为以我对你的这种粗略的了解，我觉得你应该是那种火爆脾气，就忍不住说出去了。

郝　蕾：我经常跟我熟的朋友说，我有一种最高级的忍耐，就是你根本不知道我在忍耐。

杨　澜：如果说再有这样的一种选择，就是有一份爱情放在那儿，然后还有一部非常具有挑战性的电影放在这儿，咱们假设说这份爱情你还没有发现它有什么矛盾或者不可调解之处，但是你爱的这个人要求你不要去演这个电影，你会怎么选择?

郝　蕾：我觉得现在这种人不会出现了，因为他肯定也知道我演过《颐和园》，只是如果有这样的人，那我觉得他还不如小邓呢。小邓那时候很小，而且那是我们第一次面临这样的事情，如果你明知道我郝蕾可能是这样的一个演员……

李　艾：这样的一种性格?

郝　蕾：对，或者我的职业真的是能让我爱到付出生命的这样一个地步，你还要要求我这个那个，那我觉得他真的可以走了，就是这样。

至高无上的爱情

李　艾：现在爱情在你心目中是什么样的一个地位？因为刚才听你说你曾经愿意为了爱情放弃你最爱的电影，似乎爱情是在第一位。

郝　蕾：至高无上，现在也是。

李　艾：现在仍然是？

郝　蕾：对，但是理解爱情的角度不一样了。如果我们爱一个人可以做到为他放弃一切，那这个人如果爱我们，他也应该是这样的，何况只是放弃一点点故步自封的观念，难道就那么困难吗？所以我觉得如果真的爱我，那这个人不会提出这样的要求。

李　艾：你曾经为爱情付出过什么？或者这么说吧，你曾经为爱情做过些什么疯狂的事？

郝　蕾：疯狂的事？太多了，太多了。

李　艾：就是最疯狂的，现在你都觉得难以相信自己会做的事。

郝　蕾：现在我觉得那都不算疯狂了，没有什么可疯狂的。我曾经一个人去旅行，一个人待在海边听着同一首歌，就是陶喆的《沙滩》，有 4 天都在海边。

李　艾：是因为什么？因为吵架了，分手了？

郝　蕾：不是，我觉得是一个选择。在决定是否要选择他的时候，我一个人去了 4 天；当我们分开的时候，我又一个人去了大概四五天。我是一个给自己写童话故事的人，我想自己应该选择这个人，是因为我觉得这片海给了我力量和信号，可是现在我们要结束了，然后我就同样去那片海。我要把我的这份爱情埋葬在那片海域。

杨　澜：你是一个完全投入的人，但很难马上投入或者马上抽离？

郝　蕾：对。

李　艾：你经历过这些爱情，有好多可能还被外界报道过，特别是在分手的时候。对于那些你曾经爱过的和爱过你的男人，你会有恨吗？

郝　蕾：曾经有过。现在我觉得，有很多时候是时间带给你的，慢慢就会淡去了，或者有的时候你会回想从前，会觉得自己也有很多不好的地方。但是我觉得如果你恨一个人，那是在浪费你其余的生命去做一件无意义的事情，所以我是无爱无恨的状态。

杨　澜：我觉得马上就要入佛境了。无爱无恨的状态。

赵守镇：有没有想过你伤害过的别的男人，他们会不会恨你，有没有这种担心？

郝　蕾：这也是我长这么大最不解的一件事情。我老是告诉自己，郝蕾，你肯定上辈子作过太多的孽，这些人上辈子都是美女，你以前是一个花花公子，所以你才会受这么多伤。确实我从来不敢伤害别人，我不敢。因为我相信因果，而且我受不了自己伤害别人以后，别人的表情和状态，所以我不敢伤害别人。

杨　澜：但其实很多时候，两个人并没有绝对的伤害或者谁对谁错。我觉得当你回想起那个曾经爱的眼神，也许你觉得一切都值了，不必再去计较谁的付出多，或者是结果怎样。

李　艾：郝蕾让我觉得，她特别会幻想，也爱幻想。因为她刚才说了很多事情，其实都跟幻想有关系，我觉得她可能心里住着一个灰姑娘般的人物，一直希望心目中的白马王子来搭救自己。结果来的都佩了剑骑着马，但是好像并没有来搭救自己，所以自己变得越来越坚强，心想好吧，没人搭救我，我自己救自己，有点这样的状态。

郝　蕾：我不觉得我是灰姑娘，我从来就没有这样想过，我一直以为我是一个王子。

杨　澜：现在都换位思考了。

赵守镇：如果下辈子你可以选择的话，你还是愿意……

杨　澜：做女人，还是做男人？

郝　蕾：如果可以选择的话，我就不选择来这个人世了。

李　艾：真的假的？

杨　澜：她要超脱轮回。

赵守镇：很多你的朋友都等着你呢。

李　艾：对，他们都坐这儿等着你呢。

郝　蕾：这也是一个不恨别人的理由，就是永生永世不再与你结缘，以前我欠你的，我还给你好了，然后我也最好不来了。

杨　澜：我在想我们每一个人的成长，我们所坚持的，我们所放弃的，我们也不断地去挣扎，就在于我要做我自己，还是我要做别人眼中的那个我自己。其实有的时候自己也搞不清楚那个答案究竟是什么。有一个很好的方法，就是你回头看一看，自己走过的路可能会给你带来一种新的感受。我们的编导也特别制作了一个小片，让我们看看从演《十七岁不哭》时候的郝蕾到现在走过了什么样的岁月。

我还是真挚的我

郝　蕾：还花了点心思。很感人，非常感动。看到朋友们非常感动。

杨　澜：在屏幕上看到最初那么干净清纯的脸的时候。

李　艾：甚至还有点青涩的自己。

杨　澜：看到过去的自己是什么感觉？觉得那个时候好吧？那个时候心思多单纯。

郝　蕾：其实我觉得没有什么好坏，每一段都是你自己应该度过的。

李　艾：这样看，从过去到现在，你觉得自己改变大吗？

郝　蕾：改变是一定有的，但是就是江山易改本性难移嘛。我觉得还是真挚的我，真的体会生活的我，我觉得是。

李　艾：虽然看《十七岁不哭》那个时候的造型跟你现在这个很时尚的造型确实是有区别，但你说话那个劲儿一看还是郝蕾的劲儿，那种我倔、我犟、我不认输的劲儿，我觉得你现在还是这个样子。

杨　澜：你小的时候是一个很爱跟人家挑衅或者争斗的孩子吗？

郝　蕾：我从来不跟别人挑衅，但是我说的其实不是哲理，是真实的，就是我的忍耐都已经达到别人看不出来的地步。很多时候我们是不主动去招惹别人的，别人却一直来招惹你。用我们东北人的话讲就是，忍无可忍，无须再忍。如果有我这样的人的存在，只是给你们增加了一个欺负人的舞台的话，那我一定会站出来说的。但是大家看不到你的忍耐，看不见你的痛苦，所以刚才我掉眼泪，我说对不起。我不是一个怨妇，我再难过是我自己的事情，所以我在博客里写，我愿意把我的眼泪留在我的世界里，把我的感激留在我的演出中。如果在节目上哭，说谁对不起我了，谁怎么样，伪善地说我还是相信爱情，我觉得那样不好，那样真的不好。

杨　澜：你不需要别人把这些眼泪理解成一种廉价的寻求同情的方式。

郝　蕾：对，我不屑于掩饰我对这种方式的轻蔑。

杨　澜：但是你应该知道，我们《天下女人》的观众都是很有素质的，是不是这样？

李　艾：实际上有些时候，你外表看起来很坚强。我们一向都觉得你就是看起来很坚强很要强的人，但谁都有一颗非常柔软的心。所以了解你的朋友都会非常心疼你。还有一位朋友心疼到一定要给我们节目录一个 VCR。

杨　澜：一定要转达给你他想说的话。

郝　蕾：我不会又要掉泪了吧？

（李晨：我跟郝蕾认识源于一部戏，大家应该都知道，就是《十七岁不哭》。我印象中，她梳着一个马尾辫，我记得那个时候她的声线是挺高的。她在这个集体里面是一个亮点，在那个时候，我们就觉得她是很有思想的一个人，这就是 13 年前我对郝蕾的印象。最近一次见面是在一个化妆品的品牌活动上，当时我一到酒店，我的手机就收到了郝蕾的信息，问我在哪儿。我说我在什么什么房间，她回信息特别简洁，就是说聊聊吧。然后我就直接去找她了。两个人变化都很大，但是我觉得她在生活当中经历了很多东西，包括一些不好的经历，还有窘境。她是一个性格特别直的人，有什么事情她藏不住，不像好多人会把很多事情都放在心里，甚至是可能最后带到棺材里也都没有把想说的话讲出来。但有的人就会有什么说什么，直来直去。在这里我想跟郝蕾说一句话，我觉得大家作为好朋友，你是一个女孩子，有的时候我希望，你别把有些话放在心里，有什么事给我们打个电话，有什么不开心的就跟我们说。)

杨　澜：李晨这什么意思？他的意思是说，到《天下女人》也别说了，都留着跟他说？

李　艾：没有，他的意思是说，《天下女人》其实都是郝蕾的朋友，可以跟朋友说，不要去跟外人说。

杨　澜：我觉得还听出了另外一层意思，他就是说你有时候忍不住，说得太多了，容易给自己惹来麻烦。最近这不就出了微博上的事，说你是不是对河南人有偏见、有成见等等之类的。你现在回过头来怎么看这件事？

郝　蕾：其实不单纯是这件事情，我们说到了绯闻，关于这些什么新闻，我只有两种新闻，一种新闻就是郝蕾昨天去参加了《天下女人》，嘉宾有谁，说了什么内容。第二种新闻就是负面新闻。我没有别的新闻，因为新闻大家都知道，很多时候形象其实可能是要你去维持或者是维护的。作为一个演员或者说是艺人，李晨说我很直，确实是，在生活中我是个很直的人。如果我不愿意，我觉得这样不太好，比如说我来一个节目，可能我觉得某个环节不太好，我就说这个环节是我不能接受的，我会非常直接地表达，我不会绕圈子或者找理由。可是在真的公众媒体上，大家听到过我说什么吗？我什么都没说过，这些话不是我说的，是谁说的？很多东西包括关于我骂人的这件事情一直以来都是这样的，所以其实每一个人的感受不一样，那新闻对我来说很简单，就是不上网就没有新闻，我就是这样一个人。可是我的亲朋好友，他们会非常关注我，他们不了解这里面到底有什么猫腻，所以他们一直提醒我，告诉我小心一点，吃饭不要坐在窗口，不能在门口抽烟，但凡有个异性在我旁边绝对要站在5米以外之类的，这就给我的生活造成了非常大的压力。

杨　澜：你为什么要去这么在乎这件事呢？

郝　蕾：不是我在乎。

杨　澜：那天李艾跟我说，她说如果你上网，你要找到对你不利的东西，那到处都有。你就好好过你的日子，那些就要把它放在一个合理的范围内。你可以去关注，但你也不要那么关注，你是不是太上心了？

李　艾：你知道我原来有多傻吗？有时候也会有一些人跑上来骂我什么的，我心想可能是我真的做得不好。

杨　澜：你还跟人家道歉？

李　艾：没有没有，我想看看那些我认为特别好的艺人，比如说周迅，我觉得她的公众形象很好，应该没有人骂她，我就看看她的新闻怎么样，一看照样有人骂。比如王菲，照样也有人骂。只要是个公众人物摆出来，一定会有人在下面否认。我就释然了，在这世界上，不管你做什么说什么，一定都会有人质疑的。

不能伤害我身边的人

郝　蕾：大家都说我貌似很有勇气，或者很豁得出去，我怎么会去在意这些事情呢？在意的不是我，是我的身边在意我的人，比如说我的父母，我的亲朋好友，我的工作人员。他们会去看，他们想让我变成他们眼中的郝蕾。但是他们都很善良，他们不会想到其实可能人家是很恶意的，他们只是要求我一直压制自己。

杨　澜：那你可以跟他们多解释。

郝　蕾：有，非常多。我甚至说我拜托你们求你们了，你们可以不看，这么多东西让你们看，为什么非要看它呢？没有办法，有些东西不是我们能够解决的。像这种情况你会觉得那我可以不理他们，但是我不能不理我身边的亲人，我怎么可能不理呢?

杨　澜：所以你有时候会把这种感觉用一种情绪表达出来，对吗?

郝　蕾：对。

杨　澜：所以你可能会用一些比较激烈的语言。

郝　蕾：对。我已经怒到一定程度，那是因为他们伤害了我的父母，带走了我的朋友，这让我没有办法去忍受。所以到最后我觉得，治病应该治根。我真的也是很傻的一个人，我不会跟你玩几个小计谋，然后弄你一两下，我觉得太傻，太浪费时间。如果你真的把我逼到一个份儿上，我就是一个原子弹扔过去的这样的人。你要跟我玩是吗?来吧。当然我不好，我很愤怒，我针对的一定不是一个区域的人，难道我郝蕾的境界就这样吗?一定不是的，但是我中了圈套，我被人家激怒了，人家就利用这点把事情弄得特别大。那一天过后，第二天早上我多开心你们知道吗?不是因为我骂了无辜的人，我肯定不是这样的人，我开心的是我终于自由了，让我浪迹天涯去吧，我不干这一行了，我很开心。

杨　澜：你都有这份儿心了?

郝　蕾：对。虽然你弄来弄去的，我没有这个职业是 OK 的，但是我没有因为我的问题就没有爸爸妈妈了，那肯定是不行的，所以我觉得我可以不要了。那么很多无辜的人，比如说很多无辜的河南人，可能觉得我在骂他们，因为他们也跟我一样，随着人家的计谋中了一个圈套，就是这样。这个社会总是需要嚼点舌头根子来制造一些事端，你真的不能奋不顾身地那样跳下去，还是不理它会比较好一点。我真的被激怒了，因为太久了。我就是这样说的，真的是光脚的不怕穿鞋的吗?这个鞋我早就不想穿了，但是你们不是还真的想穿鞋吗?要不要我挨个点你们的名字，把你们的短信呈到网上来?我真的已经快要窒息了。所以我……

杨　澜：为什么呢?是因为嫉妒吗?还是因为什么?为什么会有

这么大的反应?

郝　蕾:有的人的思维跟我们是不在一个平台跟世界的。他可能觉得打压你他才会好，其实这是完全没有关系的。那一天我也急了，是因为他在攻击，他在捣乱。我跟我的影迷从来没有正式地交流过，是因为我觉得大家是陌生人，心灵沟通就好了，现在有了微博，就隔空进行交流。有一天晚上，我特别想跟他们聊一聊，然后我就问他们在不在，就有几个跟我聊得很好。有一位河南籍的网友就一直在跟，一直在骂。入行这么些年了，我怎么可能没有听过被人骂呢?可是我愤怒的不是他骂人，我愤怒的是他骂我的速度太快，导致我刷屏刷到看不到自己跟影迷的对话。我本来就是一个电子盲人，我都不会弄那个东西，我上网就是发博客，就是弄微博。

李　艾:你可以黑了他，可以吗?

杨　澜:可以屏蔽他。

郝　蕾:因为当时还有两个人在跟我说话。后来也真的是，我觉得这个人非常执着，媒体都说郝蕾与网友对骂4个小时。我很想问那个网友上不上班，那位网友一直弄到凌晨，我只能说他是一只看门狗，他不是一个普通的网友，我心里很有数，我在我的博客上都已经写过了。所以说我郝蕾，我走到哪里我都是叫郝蕾，我是在阳光下的。他可能是像老鼠一样的。你来吧，你真的来追我，你就到阳光下来追我，晒晒你的真面孔。所以我觉得让很多人误解我不怕，我不想去伤害那么多无辜的河南人，我真的没有骂他们，真的。当然我的言辞很激烈，我觉得不好，我没有说把他挑出来或者怎么样的，因为我不想跟那些我不齿的人去真正较量和对抗，我觉得这浪费生命。所以导致大家可能觉得我骂所有的人，那怎么可能，我又不认识那么多的河南同胞，所以在这儿也给无辜的人讲一声道歉，我觉得就不要去多想，这件事情跟其他人没有关系。

杨　澜:在爱情当中也有过几次失意了，生活当中也会遇到不如意的，你将来会用一种更加柔软还是更加强硬的态度去对待这个社会，对待你未来的爱情？

郝　蕾：我觉得我会用几个词吧，用智慧，用胸怀，用大而无疆的爱去对待，这是我希望自己变成的那个样子。

李　艾：这几个词好大。

杨　澜："大爱无疆"了就有点太大了。比如说当有一个男人进入到你的世界来的时候，你会首先抱着一种审视的、怀疑的 、不信任的态度吗？

郝　蕾：我永远都不会这样。

杨　澜：不会？

郝　蕾：对。我觉得那不是爱情。但是爱情是什么，我也很难确定，之所以我特别喜欢"大爱无疆"这一个词，是因为我觉得真正的爱情是超越爱情本身的，这就是现在我的理解。我也在努力。

杨　澜：我觉得郝蕾身上让我们最感动的是，她真的是对生活特别认真的一个人，她会真真实实地去爱，然后也结结实实地去痛。很多事情能够伤害到她，她太容易被伤害了，就是因为对有些东西，她眼里太容不得沙子了，她太要那个真的感觉。但是这就是你的命运，你注定了要去感受，然后去思考，也许能够达到一个更高的境界。但是如果话说回来的话，作为朋友，我们更希望看到一个快乐的郝蕾，得奖不得奖也好，悟道不悟道也好，希望你是一个很快乐的人，然后有快乐的事也到我们节目来跟我们分享。

李　艾：我觉得她注定会是一个非常优秀的艺术家，因为艺术家都特别能够敏感地感受到痛苦跟快乐。最近好像除了你获得金马奖这样的一个好消息以外，还有专辑要跟我们分享对不对？

郝　蕾：对。之前发了 EP（小专辑），现在肯定要发整个的专辑。

杨　澜：是些什么样的歌？

郝　蕾：11 首，包含之前发的那 3 首。这个专辑的名字叫《关于TA 的伤心事》，"TA"是拼音的、大写的"TA"。

杨　澜：可以是男，可以是女。

郝　蕾：对，因为我觉得每一个情感敏感的人都曾经在某一阶段或者是永远在心里有一个 TA，是伤过你的心或触动过你的心的。

杨　澜：好像这个专辑里大多数的歌词是你自己写的？

郝　蕾：全部。

杨　澜：全部都是你自己写的？你也参与过导演其中的一些MV吗？

郝　蕾：对。

杨　澜：今天呢，要感谢郝蕾来参加《天下女人》的节目。我们希望每一个女人都能够焕发真我，找到真爱，然后抒写你人生中的华彩乐章。

周韵、胡军

让幸福一直飞——周韵、胡军

周韵举手投足间可见江浙女子的韵味，细声软语，间或微微一笑。胡军是典型的北方大老爷们儿，爽快，带着些幽默劲儿，说话直接，有问必答。周韵和胡军是两个特别可爱、真实的人，他们一个是很称职的母亲，一个是很称职的父亲。或许正是这种直爽与真实让那么多影迷喜欢着他们。

编导手记

周韵的叛逆时光

怎么都想不到看上去安静温婉的周韵在年轻的时候曾经那样疯狂过，15岁瞒着父母偷偷报名去参加选美大赛。当时，周韵正处于“我爸妈不让我去做的，我肯定会去做”这样一个阶段，因此，为了证明自己胆子不小，她选择了参加选美比赛。

比赛完，周韵拿了冠军，上了报纸。邻居都不太相信报纸上那个人是她，因为周韵平时在他们的印象里说话声音都是小小的。

女婿见老丈人

胡军第一次去见老丈人的时候特别紧张，去之前问太太“你爸喜欢什么”，太太说爸爸喜欢喝酒，胡军一拍大腿说“好啊”。接着又问“能喝多少”，答说“八两，白酒”。胡军心想，这没问题，拎着酒就去了。

结果没想到一下子就被老爷子给喝趴下了，原来云南人（胡军太太是云南的）所说的八两实际上是一斤六两。尽管第一次见面就给喝趴下了，但胡军到底还是给老丈人留下了一个实诚的好印象。

我喜欢胖一点的男人

杨　澜：最近大家有时间肯定会去电影院看一看电影，那大家谈论最多的可能就是《让子弹飞》了。今天我们非常高兴，请来了其中的两位演员，而且他们两人在其他的影视剧当中也有非常出色的合作，我们掌声欢迎周韵、胡军。

杨　澜：你好，周韵。

周　韵：你好，你好。

李　艾：你好，美女。

杨　澜：前一阵儿碰到胡军，他就说《天下女人》节目来请我，我要去吗？是不是只有女人去这个节目？我说只有女人和非常受女人待见的男人才能来到我们这个节目，所以非常欢迎两位。这部影片这么受欢迎，事先有没有想到，周韵？

周　韵：我没想过这个。

杨　澜：这是归老公想的问题，对，不归你来想这个问题。

胡　军：这部电影一开始拍的时候我就挺期待的，因为姜文是第一次真正去面对这个市场，我觉得他这也算是一种小的尝试与转换，我觉得特别好，特别让我期待。

李　艾：但是在这里面，你很吃亏。

胡　军：对。

李　艾：全是帅哥，你为什么得搞成麻子脸？

胡　军：这得问姜文。

杨　澜：说实话，后来如果没有人告诉我那个麻子是你，我都想不到，一开始我以为是一个新演员，我还说这个演员还挺魁梧的，演得还挺好。

李　艾：演得挺好的，把麻子的那种麻子劲儿全演出来了。

胡　军:一开始姜文说，胡军你来我们这戏里一块儿玩一把吧，我说行，但是我真没时间。那时候我跟他的太太周韵正在拍《金婚风雨情》，因为基本上全是我们的戏，一走剧组就停下来了，所以姜文说那我给你选一个小一点的角色，我说行，重在参与嘛。结果就把我挟持到了他们的拍摄地，就成了麻子。然后给我化了三四个小时的妆，我一看就傻了，怎么会这样折腾我啊。他说怎么样？你受得了吗？我说来都来了，有什么受不了的。

杨　澜:是这个样子啊。

胡　军:对，就是这个样子的。就这个样子还客气了，原来那麻子比这多一倍，就满脸是坑。

杨　澜:满脸是坑？

胡　军:后来觉得太过了，就去了一些，变成了这个样子。

杨　澜:所以你看影片里跟平时看到的胡军完全不是一个人。

胡　军:对。

杨　澜:这的确像个土匪。

李　艾:而且最重要的是，戏里头还有很多帅哥，一衬托吧，他这个角色就变得……

杨　澜:我跟你说，我是这么想的，可能姜文看你跟他太太演这么长时间的戏，就看你有点不顺眼，说来演的话就毁你一下。

胡　军:报复。

杨　澜:报复，报复，完全有这种可能。是不是，周韵？有没有这种可能？你老公是这样的人吗？

周　韵:原来没想过，现在想想有可能。

李　艾:周韵在戏里头一出场真的很漂亮。

杨　澜:一出场就是一张大白脸，漂亮什么呀。

李　艾:我忘了那个，但是开始的时候，她敲那个鼓，很孔武有力，我当时都没认出来。

周　韵:我说了我在《金婚风雨情》里头漂亮多了。

杨　澜：后来呢？后来这部戏的导演怎么说？他对没有把自己的女演员弄得足够漂亮有什么说法？

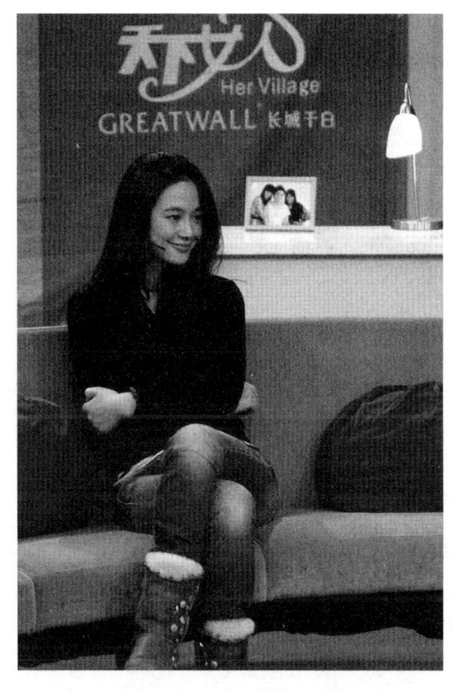

周　韵：说我演电视剧演多了。

杨　澜：他说你电视剧演多了。前面打那一通鼓还需要学很长时间吗？

周　韵：要，因为那不好打，越简单的鼓点，其实它越需要力量，所以那些鼓女们的肌肉练得都很厉害。

杨　澜：她们是专业的，她们平时经常凑在一块儿练。那你要经过什么样的训练才能去打那一通鼓？

周　韵：我当时就是只要拍完《金婚风雨情》有空，我都要去。

杨　澜：你就在旁边打鼓，没有拿胡军当那个鼓就算不错了。

周　韵：我可不敢。

李　艾：我就是觉得姜文在这部戏里面真的好帅。

杨　澜：你当着人家太太的面，这样表示倾慕合适吗？

李　艾：因为没什么其他邪念，所以我当着面也就……

杨　澜：那你干吗不敢眼睛看人家？看我干吗呀？真是的。

李　艾：你干吗都要说出来？

赵守镇：听说在电影里你老公瘦了，为了拍这个电影瘦了20斤是吧？

周　韵：什么？

赵守镇：就是减肥，减了20斤。

周　韵：他也没有，但是他确实去健身房练。他其实挺喜欢运动的，平时也打高尔夫什么的，但是不能限制他吃东西。他受不了对他约束，我觉得是这样。

杨　澜：他也爱吃大酒大肉吗？

周　韵：北方人可能都相对爱吃面条。

杨　澜：可是你是南方人，所以你们家是吃米饭为主，还是面条为主？

周　韵：米饭为主。

李　艾：那看来还是随你了。

周　韵：对，他小的时候因为长在贵州嘛，也算南方人了。

李　艾：你有威胁过他如果再胖下去怎样怎样吗？因为我听说杨澜姐有这样威胁过吴先生。

杨　澜：我有吗？

李　艾：你曾经说过，你当初嫁给他的时候，他不是这个样子的，说再这样下去你就退货了。

杨　澜：退给谁啊？这不能退货。

胡　军：来不及了。

杨　澜：这不能退货。

杨　澜：但是他最近的确瘦了 10 多斤，就感觉有个新老公一样。

李　艾：不错。

杨　澜：你们不要来问我的话题，周韵好不容易来这儿一趟。

李　艾：所以周韵你会有这种感觉，就是他一下瘦下来就感觉不一样了吗？

周　韵：没有，我喜欢胖一点的，不喜欢太瘦的。

为人父母，其乐无穷

杨　澜：其实你们俩有个共同点，就是都已经为人父母了，而且好像也不介意公众知道这样的一个事情，也不那么遮遮掩掩的，其实也很想跟天下的父母分享一下你们做父母的一些乐趣和烦恼。胡军是有个丫头，然后你不管她叫丫头，而是叫你的情人？

胡　军：对，前世的，前世的。

杨　澜：有一个丫头，这对于父亲来说意味着什么？我发现爸爸跟女儿的感情就是不一样。

胡　军：真不一样。

杨　澜：从她一出生……

胡　军：刚出生没啥感觉，真的。

李　艾：你还挺实话实说的。

杨　澜：那什么时候开始有感觉了呢？

胡　军：当她会叫爸爸的时候。她一出生没什么感觉，因为那时候我还是个孩子呢，也不是特别成熟。

李　艾：我能先问一下长得像谁吗？

胡　军：我。

李　艾：小眼睛。

赵守镇：你觉得长得像你是好事吗？像韩国的父母就不担心，孩子长大了再说，可以重新装修一下嘛。

胡　军：不，不，我女儿不用装修，原装的就挺好。

杨　澜：对，原装的挺好。

杨　澜：孩子是先会叫爸爸，还是先会叫妈妈的？

胡　军：好像先会叫妈妈的。

杨　澜：我的孩子是先会叫爸爸的。

胡　军：是吗？

杨　澜：其实“爸爸”这个发音比“妈妈”容易。你看“妈妈”还得“妈”一下，很多人说什么孩子第一个学会的是叫妈妈，那可不一定，那是妈妈们自作多情，其实孩子只是动了一下嘴。形容一下孩子第一次叫你爸爸的时候的情景。

胡　军：第一次叫我爸爸，我记得我那时候是在昆明。因为我太太的家就在昆明，我拍完戏以后到昆明去看她们，还挺神的呢。一开始我在昆明的时候晚上跟我太太睡一张床，旁边是她的小床，睡着睡着孩子就哭了。我女儿哭着扒着床，就指着我在那儿哭，谁这是，谁睡在那儿，然后没辙，我就抱着被子枕头去了客厅睡的。不认识我，因为那时候我一直在外面拍戏。

杨　澜：不认识你？

胡　军：对，不认得我。

杨　澜：她在那儿报警？

胡　军：对，报警。谁在我妈边儿上？这是谁？没辙我就出去了。然后大概过了一个来月，我记得我是在吃饭还是干什么的时候，突然就听见有人叫爸爸。我一开始没听清，还在吃饭呢，想着谁啊这是，又听见了一声“爸爸”，然后再看她的时候，她就在那个小车里，扒着车那么看着我，一下子我就感觉犹如醍醐灌顶，就来了那感觉。

李　艾：就有了做爸爸的感觉了？

胡　军：就觉得这孩子是我的。

杨　澜：之前没觉得？也不能这么说，这么说就出问题了。

胡　军：这不能那么说。

杨　澜：就是。

李　艾：他有感应了。

杨　澜：其实男人挺可怜的，因为他们没有真的去孕育过一个生命，所以他不觉得天然就跟孩子有那种直接的关系。

胡　军：对。

杨　澜：所以我发现其实爸爸们特别需要争宠。比如男人们经常问孩子，你是爱爸爸还是爱妈妈？都是爸爸问。妈妈根本不需要问，孩子当然爱我。

赵守镇：你问过吗？问过女儿吗？

胡　军：没敢问。因为我知道答案肯定是妈妈。

李　艾：这么没信心。

杨　澜：他的确出差太多了。

李　艾：不见得，因为我父亲就跟我在一起的时间很少。他也有你这样的过程，他第一次见到我的照片的时候，他没跟我妈妈在一起，他在另外一个部队，那时候他有任务。然后他拿到我照片，他本来想跟大家分享说这是我女儿，但看了一眼，赶紧塞口袋里，说太丑了，他都不愿意给别人看，赶紧塞口袋里。结果等他见到我的时候，他后来跟我妈妈聊，包括跟我聊天，他见到我的时候，我叫了他爸爸，他才马上有了这是我女儿，虽然难看但她也是我女儿的感觉。

杨　澜：后来出落得这么漂亮。

李　艾：我长得像他，真的。我长得真像他。

杨　澜：那你爸肯定是个大帅哥。

李　艾：特别帅，真的特别帅。你看我虽然小时候跟他在一起的时间不多，因为他在另外一个部队，又经常很忙，但是他一直是我的偶像。写作文什么的，写写你的父亲母亲，我永远写我爸，很少写我妈。我妈还为这个记仇。

杨　澜：都记仇了？

李　艾：是。

杨　澜：周韵有这种感觉吗？其实周韵当了妈妈以后，基本上就是做了家庭主妇的那种感觉，戏拍得很少对吧？你们家孩子是先叫爸爸，还是先叫妈妈？

周　韵：我老大好像是先叫爸爸，老二是先叫妈妈。

李　艾：那也挺平衡的，平衡了。

胡　军：这样分得清楚。

周　韵：我儿子特别会说，你要问他是爱爸爸还是爱妈妈，他从来不选，他说我爱爸爸也爱妈妈。

杨　澜：这是政治家，从来不会从中选一个。

周　韵：如果我妈在，他会说我爱妈妈，也爱爸爸，也爱奶奶。那如果家里人都在的情况，全说一遍，从来不是只说一个。

杨　澜：真的？太聪明了！姜文其实也是挺忙的，你觉得他是怎样讨好自己的孩子的？

周　韵：就是我不能做错事，我万一做错事了，他就故意特别夸张，比如在孩子面前他会觉得维护正义的人是他，但他做错事了或者觉得做得不太合适了，我说一句这事就过去了，就这样。

李　艾：还揭短儿。你会吗？在家里有时候拆自己老婆台？

胡　军：我不敢，这事不能做。

李　艾：真的？当你老婆教育孩子的时候，你在旁边是什么态度？

胡　军：我曾经管过，后来我觉得效果不大，干脆闭嘴。

李　艾：真的？你怎么管？

胡　军：比如说做作业的时候，她教育女儿，我说你声音小一点，态度好一点，别把女儿弄得那么紧张，你想她能懂吗？

杨　澜：妈妈一般声音比较高。

胡　军：她站起来说你来吧，就扭头出去。我说别别别，还是你来吧，我出去。

杨　澜：所以现在都是让妈妈当恶人，我发现这是男人的一个阴谋。周韵你们家是不是这样？就是需要管教孩子，你肯定有对他们厉害、比较凶的时候，爸爸都没影了，爸爸老扮演那慈眉善目的、可爱的一个。

李　艾：是吗？坏人都是你做？

周　韵：也不能说坏人，反正就是我真实一点，他们爸爸虚伪一点。

李　艾：那你们会讨论吗？就是关于孩子的教育问题，俩人会有不一样的地方，胡军跟你太太会吗？

胡　军：讨论过，真的讨论过。我跟我太太有一个共同点，讨论清楚以后就把女儿叫来了，我们 3 个人坐下来，就关于她的学习问题谈话。

杨　澜：你给我们模拟一下。

胡　军：我说爸爸妈妈都希望你好，但是你千万记住了，不允许你考全班第一。

杨　澜：还有这样的？

胡　军：坚决不允许。

杨　澜：为什么呢？

胡　军：这样就会无形中给孩子很大压力。考第一的就一个人，你考不了第一，就感觉自己白学了，学习不好，有挫败感。

杨　澜：那能考倒数第一吗？

胡　军：倒数第一也不行。

杨　澜：那第几名合适呢？

胡　军：随便，真的随便。

赵守镇：她学习好吗现在？

胡　军：我觉得她学习挺好的。

杨　澜：他就是觉得还有争取第一的能力，才会跟孩子说别考第一。

胡　军：也不是，真的，我真的不希望她考全班第一，每次都百分怎么怎么的，我说千万别干这种事。这次我来这儿参加节目，化完妆换完衣服离开家的时候，我下楼一看我女儿在哭呢，趴在她妈怀里哭。我说怎么了？我女儿说你走你走。我说这怎么回事啊？然后她妈妈说数学没考好。

杨　澜：期末考试成绩下来了。

胡　军：对，数学没考好。我说没事儿，有什么了不起的。

杨　澜：你爸那时候还不及格呢。

胡　军：什么啊，你这段掐掉。她真是趴在她妈怀里哭。

杨　澜：就觉得其实孩子们都特当真，真的是把学习挺放在心上的，所以这样的时候父母就不应该再给他们压力。那周韵呢？对了，周韵孩子还小，还没上小学呢。

周　韵：一个 4 岁，一个 2 岁。

杨　澜：那他们爸爸会跟他们一起玩吗？他们会做什么游戏？

周　韵：他们爸爸画画得很好，我老大可能遗传了他爸爸，也是画得很好。他们俩就在那儿画，画动物啊什么的，我们家的墙随便画，整天画得乱七八糟的。真的就是白墙，会随着我儿子身高的一点点增高，你会感觉原来在这儿，后来在那儿，现在在这儿，就这个样子。

杨　澜：等到他长到十四五岁的时候，壁纸就不用买了，都画满了。

赵守镇：我特想知道那种滋味，就是自己亲爱的老公和孩子在一起玩，在墙上涂鸦，然后自己一边做菜一边看。

杨　澜：这个你就觉得是最幸福的生活？

赵守镇：是很幸福呀。

杨　澜：这个时候，如果不需要做饭我觉得就更幸福了。

赵守镇：你会经常感觉到这种幸福吗？

周　韵：我没有那么刻意地去想这个问题。原来有人问我说，你觉得自己幸福吗？我觉得起码现在的生活是我想要的，我觉得每个人的生活是什么样子，那潜意识里其实都是他想要的生活。我觉得这种生活中某一个人现在的状态，都肯定是他想要的一种状态。

赵守镇：你女儿今天哭是因为自己的成绩不好，如果是隔壁的别的孩子欺负她让她哭，有没有过这种情况？

杨　澜：对，作为一个爸爸，你需要出面保护女儿。

胡　军：现在我女儿还小。

李　艾：10岁？

胡　军：9岁。

李　艾：9岁不小了。

胡　军：没事儿，等她慢慢成长。怎么说呢，我很早很早以前就已经做过为我女儿打架的梦了。

杨　澜：真的？

胡　军：真的。

杨　澜：你梦见谁欺负她呢？

胡　军：不知道，反正就不知道。我就记得特清楚，一开门她鼻子流着血，我说怎么了？她说有人打她，我二话不说，抄起菜刀就出去了。真的。

杨　澜：其实这从心理学的分析来说，就是他特别希望能够展现出他的价值，作为父亲的价值。这个时候妈妈不能拎着菜刀出去，一定是爸爸拎着菜刀出去。你们家菜刀搁哪儿你知道吗？

胡　军：真不知道。

赵守镇：那有没有想过差不多9年以后，或者10年以后，她会带男朋友过来给你们介绍？

胡　军：不敢想，不敢想。

杨　澜：崩溃了？

胡　军：崩溃了。

李　艾：真的？会崩溃吗？

胡　军：真崩溃。我跟你说，我唯一一次见我爸流泪，就是我姐姐出嫁的时候。我姐夫过来接她了，说爸妈我把您女儿领走了，然后我姐就出去了。门一关，我们都在里面，我爸一扭头，热泪盈眶。那会儿我还在上大学一年级，当时我还觉得哭什么，现在想起来真是……

杨　澜：所以就希望这一天别那么早就到。慢慢长大，不着急。

李　艾：但是我得说一个比较严重的事实，9岁，班里肯定已经有小男生经常扯她辫子啊，偷她橡皮啊之类的。你也经历过那个时候。你那个岁数的时候不也经常这样干吗？

胡　军：对，肯定的。我干的事是属于那种事，揪辫子、偷橡皮什么的太猥琐，我是直接抓条蛇往女孩子的铅笔盒里一放，就是很高兴。

李　艾：那如果你女儿班里有男生干这种事，欺负你女儿呢？他也倒不是欺负，他就可能对你女儿有好感，他才会干这种事。

胡　军：我女儿你看着挺温柔的，其实挺厉害，是他们班的中队长什么的，管一群人呢。真的，真是这样的。

杨　澜：而且现在的状况完全不同了。我儿子上小学的时候，有一天回来就说，现在的女人啊……我说怎么了？他说我们班有几个女孩子说是女人帮的，专门打男孩子。

李　艾：真的？

杨　澜：对，现在女孩子就已经生猛到这程度，在课间的时候把男孩子按在地上打。真的，所以现在是男孩子需要重新学会生存。

三十岁，是人生最重要的时候

赵守镇：你女儿在学校里有那么大的权力，是不是你经常去学校找她的老师拍马屁？

胡　军：我不去，拍什么马屁呀。当然跟老师的沟通还是必要的。我去听过一次公开课，家长全都到学校来，那意思就是看你孩子怎么学的，我们老师是怎么教的。取一个小板凳，靠边往那儿一坐，戴个帽子，听了4堂课啊。语文、数学、英语、社会4堂课，坐在那儿听，我多长时间没上学了。

杨　澜：特别老实？

胡　军：特别老实。然后有时候接我女儿，我会在校门外很远的地方接。

赵守镇：紧张吗，去学校？杨澜姐说她去学校就挺紧张的。

杨　澜：主要是孩子不希望我出现在学校，因为他们觉得这会变成同学们讨论的一个话题，他们特别不愿意引起这种关注。我儿子上初中给我的一个忠告是，离我们校门口远一点啊，别出现在我们学校。他们校长请我去给孩子们做讲座什么的，我都偷偷跟儿子说对不起啊，今天我终于答应要去你们学校做个讲座，你别来听。其实妈妈和爸爸跟孩子的那种感觉是挺微妙的。

赵守镇：好多人都说，女人真的生了孩子，感觉就特别不一样。那我就想问她，我觉得不生孩子也挺好的，什么都有，作为演员也很出名什么的。那你生了两个孩子，感觉真的不一样吗？你的人生会不一样吧？

周　韵：不一样。

赵守镇：怎么不一样？

周　韵：我是演员，我会觉得我现在演的戏会比原来演的戏路子要宽。如果我没生过孩子，我肯定是演不了《金婚风雨情》，但我有了孩子以后，我反而就能演，有人生的体验。

李　艾：但会不会因为有了孩子，有些戏一定不会演，比如说一些可能性感一点的片子？

周　韵：我没孩子以前也不会演这类片子。

杨　澜：为什么？你会有自己的一些……

周　韵：我觉得这可能跟我从小成长的环境有关系。我成长的环境从来都是很封闭的，或者说不是那么开放的教育，这些东西都长在了我的身上，甚至长在了我的骨子里。我要去释放的时候，我一直是不自在的，那我觉得就不要去勉强自己。

李　艾：但是好像你小时候的生长环境是挺不错的，家里还算是比较富裕的。

周　韵：对，但是我觉得温州那边，其实是说好听了是传统，说难听了是比较落后。我觉得是因为那个地域决定的，就是三面环山一面环海，所以我们小的时候离开温州，比如说想去上海就很困难。

杨　澜：其实温州女人很能干很贤惠的。

周　韵：但是我们那边是挺保守的，比如说谈对象什么的。

李　艾：小的时候你叛逆吗？女生也许会经历的某一个阶段。

周　韵：一定会，我觉得任何一个人在某个时期的时候都是叛逆的。

李　艾：你都做过什么叛逆的事情？

周　韵：我做过一些，比如说我爸妈不让我去做的，我肯定会去做，就为了证明我跟他们是不一样的，我是很有个性的。

杨　澜：真的？比如说什么样的事情，爸妈不让你做你一定要做的？

周　韵：其实有很多。我爸妈肯定不会让我来北京，我就会离开温州来北京。我觉得我需要离开，我不要那样的生活，然后就离开了。

李　艾：周韵还曾经瞒着父母去参加温州小姐的选美比赛，爸爸是在报纸上才看到的。

周　韵：是，是，这事我都忘了。因为这特别不像我的性格，其实我就是特别较劲儿才去做这件事。

杨　澜：当时那段经历是什么样的？为什么想要去参选温州小姐呢？

周　韵：也没有什么，现在想想，肯定是小的时候我妈老是说我这也不行那也不行，做这也不行做那也不行，我就是被他们管到胆子特别小，后来又嫌我胆儿小，反正他们也挺矛盾的。我就觉得做这事我都敢了，那说明我胆儿不小吧，就那种感觉。

杨　澜：做了以后有什么后果呢？爸爸从报纸上看到女儿的名字登在那个选美……

周　韵：他们不太相信，我们邻居都不太相信是我。因为我是那种说话声音都特别小的人，去那儿还要展示泳装什么的。我进入了复赛以后报纸上才登，就是我可以进入决赛。那时候当然就没有什么了，就是说既然去了就比完吧。

杨　澜：那时候你多大？

周　韵：15 岁。

李　艾：胆子真的很大，才 15 岁。

周　韵：对，那时候我身体还没长完。我记得那时候说最低的身高是 1.65 米，我当时可能就 1.62 米或者 1.63 米的样子。

杨　澜：后来得到了冠军是吗？

周　韵：对。

杨　澜：好厉害。胡军，女儿 15 岁的时候突然去参加北京小姐大赛的竞选，你会怎么办？

胡　军：这我一点都不担心。

杨　澜：为什么呢？

胡　军：那时候有一个节目，就是一个时尚秀的节目，能看见很多模特走来走去的，她也在那儿看。我说这些姐姐们好看吗？好看。衣服呢？好看。我跟她说，你腿那么长，长大了以后也可以走走，当当模特之类的。不！我说为什么？太累，不停地走，多累啊！我说行行。

杨　澜：那时还不懂呢。

赵守镇：小的时候我还说过嫁给爸爸什么的，这都小时候的话。

杨　澜：长到十几岁，女孩子就有自己的主意了。但是胡军你是在一个什么样的家庭中长大？你父母当时对你的最大的影响是什么？你有过像周韵这样叛逆的事情吗？

胡　军：也有。

杨　澜：肯定有吧？

胡　军：但是不知道被我爸打压下去多少次。

杨　澜：试图做什么？

胡　军：我小时候比较淘，我爸那一辈人一直属于那种棍棒式教育。棒下出孝子，不打不成器，就属于这种。所以说我是从小被我爸打大的。

杨　澜：现在父母那种教育方法到了自己要做父母的时候，你们会有一些什么样的改变？比如说现在肯定不敢再打孩子了。

胡　军：不敢。

杨　澜：碰都不敢碰。

胡　军：碰她一下一帮人碰我，你想想，她外公外婆，还有我老婆等等。这都不敢动，也舍不得动。

李　艾：现在的家长都不打孩子了。

赵守镇：我看现在的小孩好多人护着，就是特别溺爱，有没有担心过太宠孩子了？

胡　军：我是特别溺爱孩子，但是她妈不见得，那是真吼真教育。所以说我这方面我不怕，没事，有人管着呢。

赵守镇：你有了孩子之后，对自己的父母也不一样了吗？好多人都说自己生了孩子，才了解到父母的辛苦。

周　韵：我觉得有了孩子，还有随着年龄的增长，确实你的心会越来越宽，然后愿意以一个新的角度去看待你跟父母的关系。

杨　澜：比如说呢？什么样的角度？

周　韵：虽然他们跟我可能有很多的分歧，已经没有办法沟通了，我以前会觉得我就是这样的，但是我现在觉得他们那样也挺好的，如果他们开心的话。

杨　澜：你当初跟父母说，我要跟姜文结婚了，他们第一个反应是什么样的？事先是不是他们也不知道？

周　韵：到结婚肯定是知道的，因为我父母都要去参与这个事情嘛。那之前相处的时候，就是很晚了才跟他们说的。先跟我妈说，我妈比较好沟通，然后我就跟我妈想办法，怎么跟我爸说，然后慢慢渗透给我爸，后来一切就比较自然了。

杨　澜：爸爸有没有把姜文所有演过的电影都调出来审查一遍？

周　韵：没有，我爸爸说他挺好的。因为姜文他觉得没有什么不好的，他能接受，很为我高兴。

赵守镇：胡军，你顺利吗？娶老婆顺利吗？

胡　军：娶老婆？

赵守镇：对。

胡　军：这个，还算顺利吧。

李　艾：见丈母娘的时候会有些紧张吧？我觉得你有点天不怕地不怕的感觉。

胡　军：谁？我？我怕，我真怕。

杨　澜：他态度特别端正。

胡　军：去之前我问我老婆，你爸喜欢什么？她说我爸喜欢喝酒。

有了，齐了。

杨　澜：因为胡军也很有酒量，对，跟老爷子一块儿喝。

胡　军：年轻的时候更有酒量。当时就问老爷子爱喝什么酒，说爱喝白酒，然后我说能喝多少，卢芳想了想说八两，白酒。我一想八两没问题。去了以后，老爷子特别高兴，说要喝酒什么的，喝完了以后，一下子被老爷子给喝趴下了。为什么？云南的八两是一斤六两。

杨　澜：是吗？

胡　军：是啊。

杨　澜：天啊。

胡　军：人家说的一两相当于咱们的二两。老爷子喝了一斤多等于是一下子把我给灌趴在那儿。

杨　澜：但是给老爷子留下了很好的印象，这孩子实诚。

胡　军：太惨了，真的。

李　艾：你们两位怎样理解“三十而立，四十不惑”？胡军你怕什么？咱们俩一年的吧？

胡　军：咱们俩开始有代沟了。其实据我所知，“三十而立，四十不惑”是孔子讲他自己的，并不是泛指。对于我们现在的人而言，我一直在说，我到了40岁以后我惑的东西还很多。以前，不留意也不去想，而现在全都在留意，全都在想，全都在找答案。其实从这一点来讲，我觉得这可能是人生必经的一个阶段，其实这时候是最容易迷惑的。

李　艾：那现在你惑的东西是什么？40岁的时候你惑些什么？

杨　澜：别祸害什么就行了。

胡　军：对，别祸害什么就行了。现在就开始跟自己较劲儿，然后想想这问题那问题的。

杨　澜：可是在很多人看来，觉得你事业，特别是表演方面，这几年都突飞猛进的，戏也一部接一部，都安排得特别紧，你应该感到很有成就感，很开心。

胡　军：这可能是别人这么看的，就我自身而言，其实我应该看到自己的进步和现在所拥有的一些所谓的成就，但是可能就是因为不满足，尽量让自己满足，你得把那个点降低点，你的幸福就会来得多一些。现在我觉得在这个年龄，思考是没有问题的，但不能把思考当饭吃，能够学会放下，我觉得对自己可能会更轻松一些。

李　艾：你想明白了吗？

胡　军：其实就是回去，女儿叫声爸爸就什么都有了，就是这么简单。

杨　澜：那周韵呢？你觉得三十而立也适用于女人吗？

周　韵：三十而立，我觉得可能原来最早有这个说法的时候，应该是说男性的。但是现在我觉得对女性其实也是一样，女人跟男人在这个社会上可能差别越来越小了，没有原来那么明确。我觉得对于我来讲，确实是三十而立，比如说家庭、孩子。对我来讲，我觉得这确实是人生特别关键的，可能是最重要的。它放那儿了，我慢慢地怎么去经营它，或者说我怎么把这个东西弄好。我觉得这个可能是我 30 岁以后要实现的，但是 30 岁时确实把这些事情都给建立了，三十而立了。

杨　澜：其实就好像一块田一样，种子已经都撒下去了，然后就看着孩子慢慢地长大，自己慢慢地去积累。生活当中的酸甜苦辣，那些所有的滋味都收获在一起，其实那都是自己人生的财富。

杨佳

明亮的世界——杨佳

15 岁上大学，19 岁留校任教，24 岁成为中科院最年轻的讲师。人生春风得意之时，你是否能想象突然就失明了？而当人生堕入无边无际的黑暗后，你又是否有勇气如她一样，选择远赴大洋彼岸求学，以 A+ 的成绩从哈佛大学毕业，并成为第一个获得肯尼迪学院校友成就奖的中国内地学生？这些普通人无法想象的困境与成就，中科院研究生院的杨佳教授都一一经历了。

编导手记

与我们交谈时，杨佳教授始终平静地看着我们，面带微笑。和她的很多学生一样，我们丝毫感觉不到她的双眼已经失明。她站在讲台上，气定神闲，和其他老师一样上课，然而很少有人知道，右手板书的同时，她的左手正扶着黑板，悄悄丈量着写字的距离。

作为老师，她传道授业解惑，学生们从她那里学到的不仅仅是专业知识,更是人性的力量。作为女儿,她满怀感激又心存不忍。在节目录制现场，杨佳年逾古稀的老父亲为我们讲述了女儿失明后的种种辛酸苦涩，观众和主持人无不潸然泪下。作为妻子和母亲，她有道不尽的爱与痛。丈夫在她失明后带着女儿不辞而别，对女儿的思念令她失明的双眼几乎要望穿秋水。

作为学者，失明后的她为了不让父母担心，偷偷在被窝里学盲文；在哈佛，为了完成大量的阅读任务，她将书本一页一页扫描，转换成有声材料来播放聆听；她以中国为研究对象的论文让挑剔的白宫学者不顾学院“最高分不得超过 A”的规定，破格给了她 A+ 的高分。

岁月有一种不动声色的力量——在哈佛的毕业典礼上，杨佳上台的一刹那，所有的老师和同学集体起立，为她鼓掌，她的父亲在观众席上老泪纵横。失明后最初的绝望与疯狂伴随着泪水与汗水在岁月里沉淀，酝酿出了一个“眼睛看不见，只有心可以看见”的最光明的世界。

“一个人可以看不见，但不能没有见地；可以没有视野，但不能没有眼界。”让我们闭上双眼，用心来倾听这位伟大女性的心路历程。

总有一天，女儿会回到身边

杨　澜：我觉得在这个时代，我们真的已经见证了很多非常杰出的中国女性，引起了世界的关注，而且为中国人获得了很多的荣誉。中国科学院研究生院的杨佳教授就获得了美国哈佛大学肯尼迪学院的校友成就奖，在她之前只有18人获过这个殊荣，而其中另外一位华人就是香港前特首曾荫权。也可以说杨佳教授是来自中国内地的第一位获得这个殊荣的女性，我们现在把掌声送给她。我们很难想象，这样的事情如果发生在我们身上会怎么样。如果别人跟你说，你可能会觉得这是一个编出来的故事。

赵守镇：对，我会觉得是真的吗？

杨　澜：从看得见到慢慢看不见，这个中间过程是最难接受的，这是在哪个时间点上呢？真的有一天早晨起来眼前就是一片漆黑了吗？

杨　佳：是一种煎熬，一方面自己不肯接受，不敢接受，但是明显视力在减退。所以我当时有个习惯性动作，早上起来就像练瞄准似的闭一只眼睛，然后睁一只眼睛，就看能看见的，到后来睁开眼睛就一点儿都看不见了。

杨　澜：就是很快的是吧？

杨　佳：对。

李　艾：那会抱怨吧？我在想如果这个事情发生在我自己身上，我可能会……

杨　澜：你肯定要打人了。

李　艾：对，我肯定要发脾气，最起码是疯狂一段时间，我反正没有办法想象。当时你是怎么处理自己情绪的？

杨　澜：有崩溃的时候吗？

杨　佳：你说得很对，想不通，就是想不通，所以这一段有个过程。因为医学已经没有好办法了，下面该怎么做？的确感觉自己一下子什么都不行了。所以即使还不去做你自己想做的事情，哪怕就待在家里也不行，也觉得自己好像……

杨　澜：在家里会怎样呢？会出现一些什么样的状况？

杨　佳：在家里也感觉到处处都是危险，不敢走路，不敢迈腿，因为一迈腿就踢倒了热水瓶，然后一抬手就打碎了茶杯，更别说半开着的门了。还有桌椅板凳，一不小心，一低头一抬头的话，就让那个给磕着了。有一次我正好是开会，然后到的时间比较早，我就回了趟宿舍。结果没想到临走关宿舍门的时候，一不小心就忘了那个门是半开着的了，开个抽屉，然后一站起来那个钥匙的尖，那个三角一下子就把头给弄破了，很大的一个口子。后来我的同事就说你怎么了？就一会儿工夫你怎么了？我马上又得跑到医院去，去打破伤风针，所以那个时候，自己非常非常苦闷。别说碰到头了，走到路上一不小心就不知道路了，踝关节就习惯性骨折。就这样，处处跟自己过不去，可以这么讲，都不用你自己专门去找，它就找上你来。

赵守镇：是不是不想出门，不想见人那种状态？

杨　佳：绝对的，那一段时间自己就根本不想出门。对，足不出户这样的。

杨　澜：可能人的勇气和潜能是我们往往在生活发生转折之前无法想象的，在自己的视力逐渐减退，甚至完全失去的这个过程当中，杨佳也遇到了自己情感生活的一个很大的打击，她的丈夫当时带着他们的女儿离开了这个家。

杨　佳：对。

杨　澜：是一言不发就离开了吗？

杨　佳：就是很突然的。在我自顾不暇的时候，这一边又失去了很珍爱的很宝贵的东西，所以这一点的确非常艰难，让我觉得做一个女性很难，残疾女性就更难了。

赵守镇：因为你看不见，所以他带着女儿离开吗？

杨　佳：这要问他了。

李　艾：你恨他吗？

杨　澜：是在一个什么样的情形下，他们就从你的生活中消失了呢？

杨　佳：可能是在我自己努力接受这个现实的时候，他接受不了这个现实。

杨　澜：他跟你说他要走了吗？

杨　佳：没说。

杨　澜：没有说？你在什么时候发现人去屋空的呢？是上课回来，还是早晨醒来，还是一个什么样的时间发现的呢？

杨　佳：是这样的，后来我接到法院的通知，他实际上就提出离婚了，是法院通知我的时候，我才知道的，是这么走的。所以这种感觉对我来讲是一种双重的困惑或者是打击。

杨　澜：那你就签字同意了？

杨　佳：我绝对是不愿意这么做的，但是法院当时说，从孩子方面考虑，我已经不是一个健全的人，是一个残疾人，所以就把孩子判给了父亲。

杨　澜：我觉得真的挺残忍的。

杨　佳：是吧，反正人各有志吧。但是我觉得作为一个女性，作为一个母亲，无论儿女是否在身边，你是永远跟他们在一起的。

杨　澜：女儿长大了，她现在应该有多大？20岁？

杨　佳：应该有22岁了。

杨　澜：有22岁了？

杨　佳：对。

杨　澜：你希望能够通过媒体找到女儿，我不知道茫茫人海中是不是会有这么一个瞬间，让杨佳的女儿能够了解到她的妈妈对她的这种无尽的思念和爱，也希望她能够有这样的机会跟妈妈团聚。我觉得不管光阴过去多久，母女之间的那种爱，那种世界上最坚强的纽带是不会断的，真的希望有这么一天她们能够重逢。

杨　佳：真的非常感谢。

杨　澜：我觉得你怎么可以忍受得了，我能问你一个更……

杨　佳：杨澜，我很感谢你。因为本身你非常有号召力，你这个节目收视率也高，你根本不用发出倡议，你本身在这里就是已经在做这件事情了。

杨　澜：但是，你怎么等到女儿都这么大了才想起要做这件事情？如果我们换一下位置，我真的觉得要疯了一样，我怎么也要把她找回来，我不会这么淡定地待在原地，然后等到她这么大了再呼唤她。你为什么不去找她？

杨　佳：我就在努力，一直在努力。其实我性格里面有你刚才说的，全部都有，就是心里不知道想了多少次，但是有的时候，的确是做不到这一点，那就还是顺其自然了。

李　艾：你是不是心里可能也会担心，如果孩子真的在你身边，你可能真的不能够很好地照顾她，心里会不会有这样的担心？

杨　佳：这一点我对自己是绝对有自信的，我觉得只要我能够生活，我肯定会对她非常非常好的。她的生活质量不会因为我的那个变故而打任何的折扣，这一点我觉得跟天下父母是一样的。

赵守镇：是不是这么长时间都没忘掉过她？

杨　澜：当然了，不会忘的。

杨　佳：对，不会忘的。

仍在期待新的生活

赵守镇：你用了多长时间克服生活中的种种困难？

杨　澜：来调整自己的心理？

杨　佳：用了将近半年的时间吧，但表面上看不出来，表面上可以说是不动声色的。因为我知道我做的，哪怕一些细微的动作，也许我接受了，但也许会让其他人伤心。比如说当我开始学用盲杖走路的时候，还有不能写字，不能看书，我开始学习盲文。这个东西我是偷偷地自己在被窝里面学的。当然有两种原因，首先因为岁数大了，快30岁了，盲校不收，我只能通过电话向老师请教，这是悄悄做的。另外一点是不想让父母看到，因为这样的话，他们就会觉得这孩子已经是看不见了。所以这一点我觉得跟天下所有的为人父母的想法是一样的，无论是看到一个残疾的女儿或是怎么样，首先他们认为这孩子是自己最心爱的孩子，并不是说这是一个残疾的孩子。他们就是希望在生活质量各方面，能够给予孩子最好的。

杨　澜：今天杨佳的父亲也来到了现场，我们首先把充满敬意的掌声献给他。杨叔叔，您好。刚才杨佳说了她最艰难的那段时间，我想请您说说作为一个父亲，您看到女儿生活中一连串的变故，您当时心里最强烈的念头是什么？您眼中的女儿当时是什么样的？

杨先生：那时她的眼睛逐渐看不见，一句话让我最心痛，就是说什么时候天才亮。

杨　澜：那作为一个父亲，您当时敢在她面前表露自己的这种担忧和情绪吗？

杨先生：不敢。

杨　澜：那您会对她怎么说呢？

杨先生：我对她基本上没有说过什么，只是劝她，将来咱们还是有希望的，这个希望始终没断。我老伴最先发现，说这老头怎么回来

3天了都不说话。

杨　澜：而且杨佳也说您是一夜白了头。

杨先生：对，到现在我还是很难过。

杨　澜：当时您觉得您能够为女儿做点什么呢？

杨先生：我就当她拐杖嘛。

杨　澜：您当她的拐杖？

杨先生：对。

杨　澜：所以出门都是您拉着女儿走？

杨先生：对，这还闹了很多误会。有一次北京要开那个十大杰出青年的座谈会，结果我路走得不熟，北京变化也太大，后来就领着她走错了路。我就找警察，警察说着，最后他来了一句，现在都有这个老夫少妻。他把我弄成这角色，我是哭笑不得。

李　艾：我想问一个问题，现在您岁数也越来越大了，您会不会担心杨佳呢？

杨先生：我担心的有一个问题，我今天还在，我可以带着她到哪儿去，我只起个领路的作用。以后如果有哪天走不动了，这就很难了，所以我现在就希望杨佳今后能够找着她那另一半就好了，我就放心了。

杨　澜：那我们这还得征婚呢。

赵守镇：现在不只是李艾的问题了，这边还有一个。

杨　澜：对，我们这儿还一直在为李艾征婚呢。

杨　佳：杨澜，你责任重大。

李　艾：刚才叔叔说到如果有那么一天的话的时候，杨佳老师眼泪汪汪的，可能你没注意到，但是我看得特别难受。

杨　澜：别难受，我觉得不是难受，我是觉得人世间有这样的一种亲情，如此紧密而深刻的那种纽带，有那种联系是非常幸运的。你要想可能有一些人，他一辈子没有感受过这种刻骨铭心的爱。我觉得杨佳爸爸特棒，你看他那精神头，腰板特直。叔叔您年轻时候是帅哥吧？

杨先生：谢谢，谢谢。

杨　澜：真的，肯定是。所以杨佳，我们等会儿再说学习的事，我们现在突然都为做红娘的事着急，先说说要求。

李　艾：你喜欢啥样的？

赵守镇：跟爸爸一样就差不多了吧？

杨　澜：还敢想吗？还是会觉得自己这方面就不起什么念头了？

杨　佳：不拘一格了。

杨　澜：要求还是很高的，对吧？

杨　佳：要求高不高，那就看你怎么看了。其实，我觉得只要志趣各方面相投的，条件比较合适的就可以了。

杨　澜：这年头找一个好人就可以了。我还有个问题想问杨佳，当一个人眼睛看不见的时候，他对这个世界的感知会发生什么变化？比如说，你现在对声音非常敏感，对吧？

杨　佳：对。

杨　澜：然后你所感知的这个世界，与我们这种成天五光十色看到的不一样，它甚至可能会让你对这个世界的认知更清楚一点，这是我的猜测。

杨　佳：你的猜测非常正确。比如说从声音来说，杨澜，我就觉得你的声音现在变得越来越有磁性了，英文就叫sexy（性感），年轻人都知道。另外就说我的感觉吧，我自己觉得后来这一段经历，就变成了我用另外一种方式去看世界，去领悟世界。

杨　澜：刚才其实我们忽略了一个很重要的细节，就是当杨佳从中国去了美国，进了哈佛大学，成为一个盲人学生时，她要面临的困难很多。她需要有大量的阅读，而比起其他的同学来说，更困难的一步是她要先扫描，然后用语音软件再来听。但是有的时候你又要扫描，又要输入，然后又要听，你的速度是远远慢于别人的，你怎样弥补速度的差异？

杨　佳：这个时候就是争分夺秒了，就是靠拼速度了。所以这一块我这几道工序还是这么走，就是把资料一页一页地扫到电脑上，然后再通过语音软件把它读出来，读的速度在加快，而且我把它放到了极限。我们知道像说话说得比较快的英国人，一分钟说200多个词，但是我把自己听书的速度放到了将近400个词，所以就自己能听得懂。

杨　澜:就像录音机快进似的，一个变了调的语速。

杨　佳:对，就是那样的，怪怪的。

杨　澜:这还能听得懂啊，那么厉害啊。

杨　佳:只能这样了，只能是靠拼速度了，因为的确是听不完的书，做不完的作业，写不完的paper（报告）。

李　艾:杨佳老师有没有想过，大家都知道你有这方面的障碍，其实你只需要做到别人的一半，大家都觉得你很了不起了。但我现在听起来，你甚至要比正常人都做得更好。

杨　澜:你是不是争强好胜?

杨　佳:我觉得我去了以后，我代表的不仅仅是我自己，还是中国人，是中国女性，所以我只能这样做，不敢丢脸，可以这么说。

我很幸福

杨　澜:最后我们想谈一个话题，近些年经常看到一些报道，在大学当中有一些年轻的学生，因为失恋或者是工作等等，遇到了一些人生的挫折，然后就选择轻生了，看了觉得是很痛心的。我不知道杨佳面对这些年轻人，他们对于生活的美好的希望以及他们对于这些打击的承受力，你有什么要对他们说的?

杨　佳:我觉得首先他们应该热爱生活，应该珍惜今天的这个环境，还有这么好的条件，我觉得这一点是非常重要的。如果说到一些挫折的话，我觉得人生很难说，你不会一直是那么顺利的，我觉得我就是一个例子。有的时候也许就像我们现在说的高考一样，有的人就觉得高考是很有压力的，但是经历了高考以后，实际上他就觉得对他自己，是意志和各方面的一种磨炼。他反过来去看的话，他找回了他的性格，还有人生中的一些东西，所以我们看问题应该更豁达一些，而且应该更勇敢，更具有挑战性。当今世界机会很多，而且方方面面的压力以及未知的东西很多，我们看问题应该学会换位思考，不能一意孤行。

杨　澜：其实每个人遇到的挑战，只不过是种类不同。他可能失恋之后觉得这辈子不值得过了，但是你要是想我10年以后再回头看，那还是能够过得去的。所以那天我接到一个短信，是一个朋友给我发的，说要爱你自己，然后有一句话我觉得说得特棒，说这世界上，只有回不去的，没有过不去的。是不是？

杨　佳：是。

杨　澜：时间不可能倒流，但是没有什么坎儿是过不去的，人家杨佳那么大的坎儿都过了，而且还活得这么精彩，但是你要是不再继续往前走，那种可能性也就不存在了。

李　艾：就像当初杨佳在过自己的坎儿的时候，回想的是自己的老师如何坚强地度过，也许你身边没有那么好的例子，那你不妨听听杨佳老师的故事，你就明白，其实人生没有过不去的坎儿，我反正听完以后就这么觉得。

杨　澜：好幸福。

李　艾：就想我自己的那些事算什么，真的。

杨　澜：那还继续征婚吗？

李　艾：幸福还是要继续的。

赵守镇：杨佳老师，你觉得你是很幸福的一个人吗？

杨　佳：我觉得我很幸福，很幸福。

赵守镇：你怎么定义“幸福”？

杨　佳：我觉得“幸福”可以用“年轻”的英文大写单词“YOUTH”来解释。从这5个字母上面，我觉得我们女性就能找到答案。因为第一个字母“Y”，就像一个小树芽一样，一旦外界有比较好的阳光、雨露，还有土壤的话，你顺着这个去成长，就是一种幸福，很自然地顺其自然地成长。那个"O"代表着一个圆，你心里一定要有一种追求，要有梦，要圆梦，你只要一直这么去做了，去圆梦了，你就会有一种幸福感。"U"就是一个敞开口的烧杯，女性是美的化身，但不应该是一个花瓶，应该是一个敞开的烧杯，不断地吸取知识，就像杨澜还有各位主持人这样，到了你该用的时候，就是一种知识的积淀和勃发。这样的话，你到了这个节骨眼儿上，你如果能够展示出来，绝对有幸福感。然后"T"就是一个人，直立的一个人，所以女性是家里的一根台柱子。我就说女性是一座森林，而不是一棵树，是一个正直的人，非常脚踏实地，而且要志存高远，就像杨澜这样，要走向世界。

杨　澜：你别老拿我做例子，最后那个"H"呢？

杨　佳："H"实际上是"hand"，是两个人手牵手，你会发现如果寻找幸福的话，光你一个人幸福不行，是要手牵手的，这里头包括亲情、爱情、友情，这都需要女人的亲和力，而且一旦能够把这个度把握好的话，绝对是幸福无限的。

杨　澜：太好了，非常欣赏杨佳的这个解释，但是我跟她的看法有一点区别，我还是愿意做花瓶，不愿意做烧杯，花瓶也可以盛水嘛，对不对？

李　艾：你也可以在烧杯上上点油漆。

杨　澜：能不能为我们描述一下你最近的一个幸福时刻？

杨　佳：最近一个我觉得就是10年以后重返哈佛去领奖，另外还有一个就是我去当一个征文大赛的评委，有一个小女孩，她就写了个童话《豌豆公主》，我们知道原来那个童话是安徒生的。她写的这个豌豆公主是很有爱心的，在一个下雨天，她走在路上看到有一个惊慌失措的小兔子，她就把它搂在怀里，然后就到了一个花园。结果没想到这里是皇宫，后来她就运用自己的园艺把这个花园收拾好了。后来皇后发现，这个花园很美，然后就问是谁收拾的，就要见她，但她长得并不是很美，卫士就说你要见皇后的话一定要戴上纱巾。她戴着纱巾去了，皇后非常喜欢她，觉得她非常能干，而且很善良，就给她拿了一床褥子，实际上里面有很多很多的豌豆。然后第二天一大早，皇后就迫不及待地过来，想问她睡得怎么样。

杨　澜：昨天晚上睡得好吗？

杨　佳：她说睡得香极了，皇后心想那么多豌豆，她怎么还睡这么香。这个故事实际上就是说，最美的人就是我们认为真正活出生活意义的人，是那种哪怕有再多的坎坷，有再多的豌豆在那里，也照样能够睡得着，而且睡得香甜的人。所以我们在这里就说，不能再做温室的花朵，应该自己去努力创造生活，去享受生活，而且把自己的幸福感传递给所有的人。

徐俐

生活是一道选择题——徐俐

徐俐眼神灵动，笑容可亲，聊起天来语速虽然很快，却跳跃着很多快乐的因子，与主播台上那个姿态大气、声音铿锵的形象截然不同。岁月似乎没有在徐俐的身上留下太多痕迹，尽管已到知天命之年，但是她依然十分美丽、生动，还有更难得的是有趣。现在的她，处于一种“一切皆好”的人生状态。

编导手记

跟徐俐老师约在咖啡厅采访，第一眼见到她的时候，有一个词迅速在脑海里浮现出来——神采飞扬。

作为职业女性，她依然站在她所处位置的最前沿；作为妻子，她与丈夫之间的爱情依然新鲜；作为母亲，即将大学毕业的儿子依然与她十分亲密；作为独立的女人，她的生活非常自在，充满乐趣。而最重要的是，她当下所获得的各种幸福来源于她的聪明和智慧。在将近3个小时的愉快采访中，徐俐老师让我们印象最深刻的就是她的不纠结。在让很多女人都非常纠结的事情上，她都有非常清晰的判断与选择，甚至能按逻辑进行量化分析。

于是，这一期节目我们挑选了都市女性最容易纠结、最容易“伤不起”的几道人生选择题，请徐俐老师用自己的人生故事来一一判断回答，分享她快刀斩乱麻的选择智慧。

女人在生活中要装傻

杨　澜：最近有很多的观众在我们的网站上留言，说了说他们心中一些比较纠结的事情。我们都是凡夫俗子，当然生活中有很多让我们困扰的事。我想问问守镇，最近有什么事情让你很纠结吗？

赵守镇：准备办婚礼，预算太高了，要省钱，这就是让我纠结的问题。

杨　澜：现在预算是多少呢？

赵守镇：我的预算是 10 万，但是我的未婚夫觉得 3 万就可以了。

杨　澜：现在 3 万能办得了婚礼吗？

赵守镇：对，那我们的客人都得吃盒饭。

杨　澜：对，对。

李　艾：你们这都是小事，我的事关乎着祖国的未来。因为你们都说孩子是祖国的花朵，所以我的事……

杨　澜：你有孩子了？

李　艾：我的事就是关乎我未来的孩子他爸的事。

杨　澜：就是还没有找到那个心爱的人。

李　艾：这对于我来说是一个选择的问题，你知道其实有很多人追求我的。我到底在芸芸众生当中选择哪一个呢？这个选择题不好做。

杨　澜：生活是一道选择题，但是有的时候往往是旁观者清，别人看我们的问题可能会看得更加清楚。今天我们找到了一位思路非常清晰，判断非常果断，又具有非常高的智慧的女嘉宾来到我们的节目。其实她也是大家非常熟悉的，只不过今天我们有机会了解她生活中的那一面。掌声有请中央电视台的新闻主播徐俐。

杨　澜：我们要拥抱一下，欢迎，欢迎。

赵守镇：我也要拥抱一下。

李　艾：抱抱，抱抱。

杨　澜：刚才听到我们这些纠结，我觉得我和守镇的问题都好解决，关键是李艾的问题比较难解决。李艾是属于黄金剩女。

李　艾：剩并快乐着的那种。

杨　澜：但是我们一直都觉得也不能剩得太久，最近她比较困惑的是，到底找什么样的男人才能知道他是真命天子呢。

徐　俐：你最想要什么呀?

李　艾：我想他最好是完美的那一种。

徐　俐：不存在。

李　艾：不存在啊?

徐　俐：不存在。

杨　澜：徐俐说过一些关于爱情和婚姻的名言。她说爱情就是要寻找对等的匹配。首先这“对等的匹配”是什么意思?

徐　俐：两个个体质量基本对等。这要回到过去就讲门当户对，因为经过过去若干年的意识形态的东西，觉得门当户对这个事情好像不能再提一样，但事实上门当户对就跟我现在提到的对等的匹配是有相似之处的。两个人个体的差异不要太大，个体的构成差不多，如果你非得放到秤上去称，那这两个人称起来质量最好是大体均等。

杨　澜：你指的质量可能是价值观、生活习惯、生活情趣，然后朋友圈，对于生活的要求……

徐　俐：能力、个人的智慧等等。

杨　澜：这些都是要相对匹配，不是指体重，体重的话我跟我老公就差两倍。

李　艾：但是又有另外一个问题，比如说像我的这种状况，反正样貌也还行，身材也还行。

杨　澜：你太谦虚了，还是非常稀缺的。

徐　俐：对，对，对，相当稀缺了。

李　艾：然后，挣钱也还能养活自己，还过得不错。

杨　澜：最难找。

李　艾：男人他也害怕你。比如说他挣钱可能挣得不如我多的情况，他就很纠结，特别他周围会有很多的哥们儿什么的……

杨　澜：会拿他调侃。

徐　俐：我觉得一开始，虽然他可能没你有名或者什么的，但是他的内心是不是足够强大，他的智慧的高低程度是不是足够，这点是非常重要的。

李　艾：这太难了。

杨　澜：徐俐她的先生是报社的一个评论员，也是咱们做传媒工作一行的。我也听到街头巷尾有一些人说徐俐亏了，说徐俐嫁得还可以更好一点，赶紧问一下当事人的想法。

徐　俐：我一点也不亏。我觉得我赚了。

杨　澜：说说怎么赚的？

李　艾：说说吧。

徐　俐：因为他就是太好了。到现在为止，我都最爱跟他玩。当初在一块儿聊天就觉得怎么这么像，太像了。我当时就觉得没有什么太大差异，就是太像了，除了徐俐这个名字。

杨　澜：除了他是男的，你是女的？

徐　俐：对。除了徐俐的名字可能知道的人稍微多一两个，此外我觉得没有什么太大的差异。我觉得女人在自己的成长阶段，或者女人一生当中可能都会渴望导师，渴望先生能够成为自己某方面的导师，女人大概内心都会有这样的情结。我觉得在精神上他足以支撑我，他足够懂我，他足够有情趣，然后他足够珍惜我。

李　艾：那当你们俩一起出去，别人介绍说这是徐俐，这是徐俐老公，他不在意？

徐　俐：他真不在意，他不是假装不在意，他挂在嘴边的一句话经常就是：唉，女人嘛！很多事情在他嘴里……

杨　澜：让着你们？

徐　俐：对，女人嘛，算了。

李　艾：这个时候你什么感觉呢？如果换作我的话，我深爱的人跟我说“唉，女人嘛”，我就觉得他很不尊重我。

徐　俐：不会的。

李　艾：那你当时的感觉是什么？他说这样的话的时候。

徐　俐：他如果说的事是说到我们女人的短处那我认，女人得该认就认，得听话。

杨　澜：所以徐俐也是在家很听话的那种？

李　艾：是叫装傻吗？

徐　俐：那当然，必须示弱，装傻是必须的。

杨　澜：聪明难，糊涂更难，从聪明变成糊涂最难，你知道吧？

李　艾：怎么变呢？

徐　俐：用我的话说就是装傻，有些时候是装傻，装到最后真傻了，真的傻了。

李　艾：比如说什么事情你装傻？

徐　俐：在家里例子是举不完的，你现在去问我儿子，问你妈是个什么样的妈，他会说傻，就是傻。你们能想象得到吗？就是傻。

杨　澜：但是你会乐得不动这个脑筋对不对？

徐　俐：太高兴了。

李　艾：什么事情你觉得你原来特聪明，现在傻了呢？

徐　俐：比如说我的生活自理能力就在迅速下降。

杨　澜：太幸福了。

李　艾：真是好幸福啊。

杨　澜：后来我通过看徐俐的书，我知道她老公到现在都管她叫丫头，你管他叫什么呢？

徐　俐：哥哥。

杨　澜：哥哥，哎哟。

徐　俐：不说了，换话题。

我干了世界上最蠢的一件事

杨　澜：2011 年徐俐和她的先生出了一本书叫《垭口》，《垭口》实际上就是描述了他们在梅里雪山转山十几天的经历。每一个山口都有一个垭口，你过了这个山口就等于是完成了一段旅程，然后再开始新的一段旅程，我觉得也是蛮有一语双关的意味的。但是到了两个人知天命的年龄，还一块儿携手去转山，这到底是一段什么样的经历？

徐　俐：所以我就说我跟他合适，能玩到一块儿。2008 年我们去看梅里雪山，如果在梅里雪山你能第一眼看到它完整的轮廓，当地的说法就是你可以幸运一年。当时我们一去，整个山形完全裸露在我们眼前，它离你那么近，就是庄严的、摄人魂魄的感觉，我被它给震慑住了。当时有人就告诉我说，梅里雪山是神山，藏民总是绕着它转，那个雪山是 13 座山峰，南北走向，转山就是围着它转一圈。转一圈要翻越 9 座垭口，完整地这么转一圈的话，藏民他们的脚力强一点，一般是 7 到 8 天或者是 8 到 9 天，身体好的驴友可以转 11 天，甚至 10 天也能完成。当时我们也想去转一圈，为什么想去？因为我过去旅行的各种方式都做过了，我就觉得我这辈子还没拿脚走过，这是迟早的事，这个念头几年前就有。只是看到梅里雪山，看到这么一个外转路线的时候，我们俩看着那张图，互相看一眼觉得可以试试，俩人就同时下决心试试。当时我们知道那个路程，它最高的山峰已经接近 5000 米了，而且我也知道这个路线是非常危险的。

杨　澜：还是有生命危险的。

徐　俐：第一天就基本吓个半死。

杨　澜：真的？给我们描述一下第一次胆战心惊的那种感受。

徐　俐：我第一次意识到我跟死亡和恐惧是那么接近。因为我们翻的第一座垭口就是 4400 米，当然对于那些常年登山的人来说不算什么，但对于我们这样第一次作为徒步者，选择这么一条线路，当然就有人说你们冒傻气。可是我们不知道为什么就想去，就这么简单，就想去。

杨　澜：因为其实你不知道有什么危险。

徐　俐：对，然后那个垭口4400米，是很陡的坡，上面没有任何的树，附着物都没有，就是细小的沙粒颗石，还只是很少的一点点。

杨　澜：所以还特别滑。

徐　俐：对，脚踏上去之后是半斜着的，时刻往下滑溜，上边摔骡子摔马是经常的。

李　艾：你们没有那个辅助的……

徐　俐：就登山杖，除了登山杖没有别的，如果不碰上雪没事，那个路你可以很好地去支配它。但是那天我们恰好是决定爬最后500米的时候下雪了，我没有经历过在那样高海拔地方的雪。雪一下起来，那些藏民就加快了脚步。

杨　澜：就连他们都怕遇到雪天。

徐　俐：当然怕，因为我看到有些驴友留言的时候说，连续翻3年，遇到雪都全部下来了。所以能把这个路转通不仅要有意志，还得有运气。

杨　澜：真的。

徐　俐：对。所以当时一看下雪了我就觉得，这个雪到底是有多大，因为我们刚刚开始爬。云山雾绕的，当你走到半山腰的时候，底下全是一片雾气，什么也看不清。

杨　澜：下面如果有悬崖你实际上也看不见。

徐　俐：我根本就不敢看。它跟天边是完全接在一块儿的，全是一片雾气，几米之外我看不见人。然后我叫哥哥你在哪儿，他说我在你后头，你别回头，我在你后头，就互相这么喊着。然后这时候因为海拔高了，空气就稀薄了，我大概走20步就得停下来喘。当时我就觉得，我干了世界上最蠢的一件事情。

杨　澜：没关系，这都是幸福惹的祸，幸福当中人的智力逐渐下降以后就会去做这样的事情。

徐　俐：因为当时两个人是特别想体会一下什么叫徒步，体会一下徒步的路线，如果有趣的话可能更有意思，所以那一次就是很……

杨　澜：后悔了吧？

徐　俐：后悔。后来爬到山顶的时候，我记得藏民们到了山顶垭口，他们都会系经幡，去撒青稞，倒牛奶，这是他们当地的习俗。我们连经幡都带了，根本就不敢，没有任何时间敢停留。我当时在山顶看见有些藏民撒彩纸。撒彩纸的时候，当时我还记得哥哥在旁边说一句，不管这个彩纸象征着什么，对于我们来说这都是吉祥，这都是吉利。我当时一听完这个我眼泪就下来了。

李　艾：会的，会的。

徐　俐：停了那么几秒钟赶紧往下撤，往下撤同样是那么陡。没有任何可以倚仗的东西，很多道急转弯。下吧，就这么下。

杨　澜：腿都软了吧？

徐　俐：我当时看见一个藏族妇女，但不是山民，我估计是城市的人，是被4个小伙子架着下去的。

杨　澜：真的？

徐　俐：扎西是我们的向导，那个孩子22岁，跟我儿子同岁。他一只手搭着我，因为没有路，两个人踉跄着走非常难受。但是他实在不敢，他说要保证我的安全，所以我必须把那只手给他，然后踉踉着下去。我就觉得自己跟一老太太似的。后来哥哥在旁边说了一句，他说丫头，刚才有一个女的是被人架下去的，他说这话的意思是什么，就是说……

杨　澜：给你点信心，你很棒。

赵守镇：他在你的身边你敢冒险，我觉得他不在你的身边，你再喜欢玩……

徐　俐：这事是这样的，没他没我这事都干不成。为什么？事实上我们俩动这个念头的时候，希望跟几个好朋友去。帐篷买两三顶，睡袋四五条，然后在家里把帐篷支着，睡袋铺着，装备穿上，照张相然后全收起来，我们管这叫装备派。就这些人其实感觉特别喜欢户外，然后我们说有这么条线路，好，好，他们全答应。到最后全退出了，就只剩下我们两个人。我后来说，人生在世，不是每个人都有机会去试探和挑战自己精神和肉体的极限，如果有这样的机会，不妨纵情一试。

杨　澜：真的，反正我看完这本书以后对徐俐是太佩服了。

人生的每一步都是选择

杨　澜：其实徐俐写了好几本书了，从怎样打扮，到《女人是一种态度》《优雅是一种选择》。而且我觉得她怎么跟我们《天下女人》那么有默契，她很早就说幸福是一种能力。我们也觉得幸福是一种力量，幸福是一种能力，我觉得特别有这种默契感。你为什么觉得幸福是一种能力？

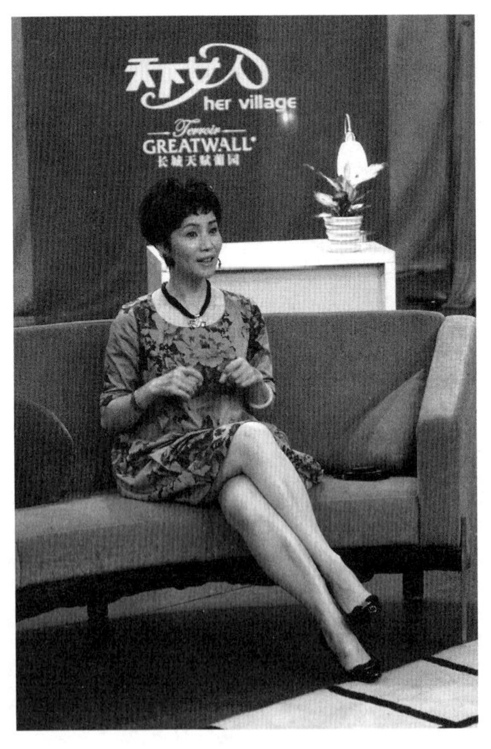

徐　俐：我冒出这个念头的时候是20多岁。当时跟一个老夫子聊天，不知怎么说到这个话题，我突然就说了一句，我说其实幸福是一种能力。他一听像有语病一样，说幸福怎么会是一种能力呢？我说，每个人都希望幸福，但不是每一个人真的有能力让自己幸福。当我想获得幸福的时候，我首先自己得明白，什么东西最终能让我幸福。比如说我找另外一半的时候，跟所有的外在条件比起来，我特别看重我跟他之间的那种心灵上的呼应，这个东西压倒一切。所以那天聊天我就说，我如果跟一个人聊得很好，但他是一个穷书生，然后我还跟他说，你看我跟你在一块儿聊天太高兴了，可是你居然是一个穷书生，你没钱，你为什么不去挣更多的钱呢？那没病的是他，有病的是我。他的长处不在那儿，你干吗要难为人家对不对？

杨　澜：所以人生是一道选择题，首先要知道自己要什么。

李　艾：你先把自己选择好了再选择对方。

李　艾：但是我的问题又来了。你觉得女人一定要嫁出去吗？

杨　澜：这真的是一个问题。就像有一天我碰到一个女人，她没有做妈妈，她说为什么女人一定要做妈妈？

徐　俐：也许我是一个老古董，也许我观念保守。我曾经跟人说，女人像盛开的一朵花，在她的盛开期一定要嫁。

李　艾：为什么？

徐　俐：错了也得嫁。

李　艾：为什么？

杨　澜：错了还要嫁？

徐　俐：即便嫁错也得嫁，在盛开的时候，咱找一个实实在在的，能够一览无余地知道你这朵花有多美的人，这朵花一定要开。

杨　澜：总之，你的感觉就是，自己最美的时候一定要有人来欣赏。

徐　俐：对，而且像你说不做妈妈，现在反正我没法想象女人不做妈妈，我觉得咱都是有孩子的人，孩子能带给妈妈的东西，带给一个女人的东西，带给她的哪怕是世界观的改变，都是非常直接的，缺了这一块多遗憾。

李　艾：那天我跟守镇吃饭特别有意思，旁边有一个妈妈带着她的孩子，抱进来的时候那个哭啊，那个乱啊，那个脏啊……

赵守镇：然后我们俩同时说……

李　艾：还生吗？还要孩子吗？

赵守镇：我们都这样说，不要。然后过一会儿，我们快吃完了的时候孩子挺乖的。

李　艾：挺可爱。

赵守镇：然后我们同时说，可以要。

徐　俐：这都是没孩子的人最典型的反应。

杨　澜：孩子哭也是他可爱的一个部分。

徐　俐：对，他哭是因为他有诉求，你当妈妈的应该知道他的诉求。

杨　澜：我觉得其实现在很多职业女性，她们结婚的时间、要孩子的时间普遍都晚了。

徐　俐：我已经晚了。

杨　澜：现在因为工作压力特别大，所以当你有个小孩的时候，特别需要你花比较多的时间去照顾他的时候，往往是你的老板对你很不满意，你的同事觉得要分担你过多的工作，然后你自己又觉得谁都没有对得起，就非常纠结的一种状态。生孩子还是升职，生还是升这个问题困扰着很多职业女性。我知道徐俐在湖南做电视主播做得风生水起的时候，决定要到北京去追求一个还没有那么明确的未来的时候，也要把自己年幼的孩子放在老家。说说离开孩子的时候你的心情。

徐　俐：我觉得对于在职场上有一些企图心的人，对于女性来说，这确实是一个蛮纠结的事。我当时只知道我在湖南做事情已经做到头了，我只是知道就我个人自身来讲，我必须离开，我必须改变。所以当时对我来讲，“自我”这事看得很重，家里人也特别支持我去北京。然后 90 年代初期来北京，又是进中央电视台，我觉得有这样的机会对我来说是没有什么可商量的。而且家里人也会觉得为什么要拦你，当然得去，所以家里就说把孩子交给我们，当然没有你带得好，但是冻不着饿不着。我当时就想冻不着饿不着，那 OK，就这样吧。当时儿子刚满 4 岁，到火车站去送我的时候，我儿子只是觉得全家人都去送。

杨　澜：比较隆重。

徐　俐：当时我儿子特别逗，远远就站在旁边，他好像特别不乐意，他听不懂。我告诉他，我说妈妈要去北京，你要很长时间见不到妈妈。然后他当时就不知道这是什么概念，但是那个火车一开……

杨　澜：反正妈妈要走，肯定是不高兴。

徐　俐：火车一开他就知道了，这是妈妈要走了，可能对于孩子来讲这是走的概念。我当时因为自我的东西压倒了一切，就觉得孩子既然家里人带着，肯定问题不大。但是做妈妈的到了另外一个地方，不想孩子是不可能的了。那真是掏心掏肺地想。

杨　澜：火车开的时候，孩子有什么举动吗？

徐　俐：孩子当时是大人抱着，他可能就是哭，但是他不是那么挣扎。后来等到大概三四个月以后，我当时太想他了，我一个曾经的同事要来北京出差，跟我挺好的一个哥们儿。我说我给你一个任务，不管说什么，你把我那儿子给我弄来。我让他就把他带过来，一个大老爷们儿带着一个4岁的小男孩，就把人给弄来了。他三四个月没见我，我做完节目去见他，在别人家里，他就缩在那沙发里，眼睛特别冷漠地看着我。特冷漠，没表情，我说我是妈妈，他没表情。其实他不是不认妈妈，他就是生气，是在怨。然后我赶紧跟同事告个别，因为我还在集体宿舍住，我把他抱到那个集体宿舍，这时候他才认为这是妈妈了，妈妈是扎扎实实在自己身边了。然后我就跟他在集体宿舍，只能拿那小脸盆打水洗脸，他坐了一天一夜火车，那时候到北京需要23个小时，坐了一天一夜。

杨　澜：也没洗澡？

徐　俐：没洗澡，小脏孩儿。然后我就拿两盆水来回倒腾给他洗，我到那个洗漱池子换水的时候他就说，妈妈不走，妈妈不走。后来我就一路应着到了水池子那儿，一直让他听见。那次他住了4天4夜。我请假了，我就陪着他，不上班了，儿子来了。结果4天以后同事要回去了，那一天他一大早就起来了，我给他收拾东西的时候他就觉得不大对劲儿，今天好像不是出去玩，然后再一看到那叔叔，坏了。

李　艾：恨死那叔叔了。

徐　俐：坏了坏了，他就知道了，一看往火车站的方向走，这就开始不干了，就开始哭。这时候哭还是很有节制，就是表示他不愿意，后来火车真的一开，我就听见他在那儿狂哭，哭到最后吐。

杨　澜：真可怜。

徐　俐：我有时候回过头想，就看我自己，我就说一个职场女性对自己的企图心到底有多高，自我价值的实现这个东西在你的生命当中到底有多重。现在你再把这事给我来选，这事没得选，他是儿子，你生下来了，他天经地义地需要你，你没有权利拒绝。所以现在有时候，我对我身边的人都是这么讲的，你但凡是有孩子的要求，让我听着是合理的，我在工作安排上我会绝对地支持你。

李　艾：我觉得特别是现在的年轻女性，我身边的同学，他们都是夫妻双方一起把家给撑起来的，就是女人还得出去工作，得挣一份钱，因为有房贷，有车贷，乱七八糟的。但也得生孩子，到了年龄你不生，比如像我现在就是过了最佳年龄，你再生就难了。

赵守镇：其实我也纠结这个问题，我今年结婚，要不要孩子我们真的是一直在谈。

杨　澜：赶紧要。

赵守镇：都 38 岁了。

李　艾：工作还得做，孩子也得生，咋办？要不然你给年轻姑娘们一些建议。

徐　俐：咱先不谈经济问题，我是这么想的，大学毕业以后大概工作五六年，是骡子是马，在领导眼里，在你的团队当中，你是怎样的，应该都知道得差不多了吧。所以从你的工作职位来讲，这时候选择要孩子，其实哪怕因为孩子耽误一段时间，你顶多是原地踏步不往前走，甚至往后退一点。这个退，你的本钱是退得起的，就是大家也知道的。但是这时候如果在这个基础之上，你还要再多一份经济压力，这事就不太明智。比如说你才毕业 5 年，你非要去买一个 200 平方米以上的房子，然后房贷压力特别大，这时候你生孩子，那有病的不是别人是你自己。如果毕业5年，你买的是90或100平方米的房子，对你来说压力就要小多了。

杨　澜：或者你就先租着房子，其实也没什么不可以。

徐　俐：租也行，不是不可以，对不对？你不能什么都要，我觉得女人你别太贪心了。

杨　澜：别把什么都背在自己身上。

徐　俐：别再任何一个阶段我都要，有些阶段是你要不来的。

杨　澜：对，在人生当中的确有很多选择题，不要一下子把负担都压在自己还比较瘦弱的肩膀上，稍微把节奏放缓一点，可能在每个阶段都能够做得更好，过得更愉快。现在我们说了老公说了孩子，我就想回到那个问题，回到徐俐的专业上。徐俐做新闻主播，我觉得她的整个的那种气质，包括播报新闻的方式，都是受到大家非常多的肯定的。然后我们今天也有一篇新闻稿，要考一下李艾。来，现场指导一下。

李　艾：我跟你说，我从小看《新闻联播》长大的。

杨　澜：来，掌声鼓励一下。

李　艾：各位亲爱的观众朋友。

杨　澜：不行，不能亲爱的。

李　艾：那应该是什么？

徐　俐：全球新闻中国播报。欢迎收看《中国新闻》节目。

李　艾：全球新闻中国播报，欢迎收看新闻节目。唉，忘词了。在今日进行的马德里网球公开赛男单半决赛上，纳达尔在先输一盘的情况下逆转费德勒，与焦科维奇会师决赛。女单方面，中国一姐李娜在女单半决赛中仅坚持了69分钟，便以3∶6、1∶6不敌16号种子科维托娃，无缘决赛。over。

杨　澜：这个……

李　艾：那几个名字太难了。

杨　澜：徐俐点评一下，点评一下。

徐　俐：我说这娱乐新闻做得不错，但问题就在于你说的是真的吗？

李　艾：就是没有可信度是吧？

徐　俐：因为你老带调侃那个劲儿。

赵守镇：她的眼神是不是不对？哪个主播就这样抛媚眼？

李　艾：我抛了吗？

赵守镇：抛了，你在这儿抛呢。

李　艾：我现在都已经习惯性抛了，我没想抛来着。

杨　澜：你的焦虑已经显现出来了。

李　艾：所以其实新闻播报是非常需要让人觉得你可以相信。

杨　澜：但是又不能那么生硬。你在播报方面，有没有遇到什么特别有挑战性的事？我听说，有时候临直播开始前一分钟、半分钟，突然上来一张纸，说这是第一条要播，全部是手写的，上面还有很多箭头。

赵守镇：这种事有吗？

杨　澜：真的有，他们其实内心疯狂，但是他们表面上特别镇静。

徐　俐：这是必须的，这是必须的。我那次大概是跟罗京同时，晚上 7 点钟，当时是一个 7 分钟的稿子。

李　艾：7 分钟！

徐　俐：7 分钟，来不及看的。那边是罗京在直播，这边是我在直播。一个字没错。

杨　澜：真的？

徐　俐：所以你的态度要理性而专业，这时候可能就是表现你的专业水平的时候，你能不能完整地无误地准确地把它传达出去，可能你的上司都会因为你的这次成功或不成功而深深地捏一把汗，因为这都是突发状况。

杨　澜：其实它对人类的极限是种挑战。

青春将逝还未逝

李　艾：但我觉得跟男人相比，有一点我觉得挺讨厌的，比如当你家庭有了，孩子也很好，然后事业也不错的时候，你就开始纠结年龄这件事。年华已去，会不会青春不再什么的。

杨　澜：青春一定会不在的。

李　艾：对，就是会有那种小小的……

杨　澜：惆怅，伤感。

李　艾：但是我在想，如果十几年过后，我能活成你们两位这样，我觉得也不错。

赵守镇：我们是经常见到杨澜姐，我感觉不到她有年龄方面的纠结。

杨　澜：是，我七十好几了。昨天有记者采访我说，你为什么敢于说自己多大了呢？我说为什么不敢说自己多大了呢？我觉得我好不容易混到这会儿了，难道还让我混回去吗？我有这种感觉，但是我觉得徐俐更棒。

徐　俐：没有更棒，其实咱俩一样。

杨　澜：你说说你对年龄这事纠结过吗？

徐　俐：一定纠结过，就是人本能地会畏惧变老，尤其可能自己年轻的时候还是比较漂亮的，你越会在意自己面容的改变。年龄这个东西在35岁前后，我确实纠结过。35岁前后，用我的话说就是青春将逝还未逝，中年将到还未到。所以这个时候对女人来说很微妙，因为你曾经是那样青春靓丽，所有的人都觉得你真漂亮，而且会叫你姑娘。可是这个年龄段一过之后发现……

李　艾：开始有人叫你姐了。

徐　俐：然后就开始叫阿姨，这时候你会发现，我再不是那么个年龄的人了。所以后来我曾经说，我知道老是不可抗拒的，我只是要求自己每一个年龄段活出每一个年龄段的光彩，我力争成为那个年龄段里一个看上去最顺眼的女人之一，这就可以了。

杨　澜：你已经做到了，恭喜了。

徐　俐：所以从这个角度来说，我从来都跟杨澜一样，不隐瞒年龄的，所以无所谓。而且真的是到这个年龄段，有一种特别的、坦然的、从容的、简单的东西在身上，所以就觉得更好，有什么不好？

赵守镇：年龄大了之后与年轻的时候相比，好处是什么？

杨　澜：好处就是当别人不是真的喜欢你，而是在哄你开心的时候你一眼就能看出来。

李　艾：我曾经在网上看到过一个帖子，是一个男人发的。他说女人像房子，一开始的时候是新房子，什么都好，设施也是最先进的，住进去觉得特别舒服。慢慢时间长了，你就会觉得那边新建的楼盘比较好，怎么怎么样的。这个帖子到这儿停止了。然后有一个特别厉害的女作家，忘了是谁，转了一下接着说，所以女人只要争取把这座房子变成有故事的房子，变成一个有历史的房子，这样子就会成为古董房子，那才是升值的好房子。我当时觉得这个人说得真好。

杨　澜：很多地方有一点年头的房子是非常值钱的。

李　艾：对，因为它有历史感，有故事在那儿。

杨　澜：对，但是如果你除了这个新，没有任何可值得别人留恋的地方，那你这个新一旦褪色了以后，你真的会贬值。所以我觉得女人多增加自己的价值，男人是会被你吸引的。

赵守镇：我是平房。

杨　澜：现在平房最贵，你知道北京一座四合院得多少钱吗？

徐　俐：接地气。

李　艾：那我是毛坯房，我现在在装修。

杨　澜：可能性比较大。

李　艾：来装修吧。

杨　澜：你觉得幸福的能力，如果说过去没有，未来可以获得吗？

徐　俐：我觉得应该可以吧，我一直建议我身边的人，跟人聊天也是这样，女人最重要的还是知道你想要什么。

李　艾：那怎么能知道呢？有些时候，人对于自己其实是最无知的，有时候觉得我怎么能够知道我要什么，有什么办法可以知道。

徐　俐：说实话，这个我还真没想过，就是说万一要是不明白那怎么办。

李　艾：我就是因为听说你有一个15人原则才这样问的。

徐　俐：一辈子离你最近的亲人，孩子，父母，兄弟姐妹，加起来10来个吧。然后我说闭着眼睛好好想想，这一辈子有没有超过5个真正的能称之为朋友的朋友。而这个朋友是指退了休你还愿意跟他混，咱俩扎堆一块儿过退休生活吧，咱们房子买一块儿吧，我们天天在一块儿喝茶聊天，一块儿旅行，这是朋友。后来我在微博上写过一句话，如果你有1个，你值得为自己喝一杯。你要有3个，你值得醉一宿。你要有5个你就烧高香吧。一辈子你能得到这样5个朋友，这样加起来，你的人生其实最终只有这么15个人，跟这15个人相比其他的算什么呢。就是很简单，很多事情你只要想到这15个，这世界上很多事情就很好想了。我讲的15个是指这个，至于讲到你自己就是不明白，就是不明白……

李　艾：但是我觉得你的15人原则可以用到这些事情上，因为有些时候我们的情感，比如说放在周围的这15个人身上，我们选择这样做的时候，他们会不会为我高兴，他们会不会因此而开心，因此而幸福，有时候决定就很好做了。

杨　澜：他们的情感肯定对于你的幸福也是很重要的。

李　艾：对。

杨　澜：徐俐说这话对我也有振聋发聩的作用。我说寻找幸福力，其实幸福的力量就在你自己的身上，如果你知道自己想要什么样的幸福，如果你关注那些真正跟你的幸福相关的人，你就离幸福更近了一步，所以我的幸福就是我的力量。

胡可

结婚这件大事——胡可

胡可与沙溢的大婚，是 2011 年娱乐圈的第一波甜蜜风暴。他们的婚礼，虽然有众多明星高调捧场，浪漫而又华丽，但真正让大家记住继而感动的，还是婚礼上的感情流淌。很多男人不能理解婚礼对女人的重要性，以为那不过是一个形式，但其实对于女人而言，一场属于她的婚礼，也许正意味着一份郑重的承诺。

编导手记

新娘子胡可来了，接受大婚之后的第一次专访。她素颜来到现场，却漂亮得让人远远就能嗅到幸福的味道。这种感觉不是我一个人独有的，节目快结束的时候，三个主持人跑偏了话题，忍不住连连对她说:“我们现在看到你，觉得你是发光的。”“我就觉得好美，发着光的那种感觉。”胡可调皮地说:“萤火虫来啦！”

他是一个特别不浪漫的人

杨　澜：我相信每个人因为自己生活中发生的不同的变化，所以都会格外关注某一类的消息或者是新闻，对不对？守镇最近比较关注什么样的新闻呢？

赵守镇：那肯定是。我看杂志，看电视节目都是看跟婚礼有关的。

杨　澜：跟婚礼有关系，这里要跟大家透露一下，守镇在成功地订婚之后，今年就要举行婚礼了，我们先祝福她。

赵守镇：也是在《天下女人》搞定的。

杨　澜：那李艾最近最关心的一些新闻是什么呢？

李　艾：我能说是离婚的新闻吗？因为我最近主持了一些婚恋类的节目，当然是很开心的，但同时也让我知道了婚姻中间的一些摩擦。

杨　澜：明白了。

李　艾：然后我有点害怕结婚。

杨　澜：所以我觉得对于你们两位来说，今天的这一位嘉宾可以给你们带来一些启发或者是感动。

李　艾：真的？

杨　澜：我们就掌声有请最近刚刚大婚的胡可来到我们《天下女人》。

李　艾：恭喜胡可，因为你的婚礼办得真是活色生香的。

杨　澜：事后自己看到婚礼视频的时候，感觉是怎样的？

胡　可：婚礼结束之后的视频，我今天也是第一次看到。

杨　澜：觉得自己还是挺漂亮的？

胡　可：我觉得挺美好的。

李　艾：我一向深信前面 VCR 里说的，你们第一次相遇好像是在你的节目里头，是《胡可星感觉》对不对？

胡　可：对，对，对。我做节目的时候。

李　艾：在那个节目里头，那个时候你就已经喜欢上他或者他就喜欢上你了？

胡　可：没有，完全不是。

李　艾：那是你们第一次碰面对不对？

胡　可：对，第一次碰面。但是我觉得我们第一次碰面挺逗的，刚刚那个VCR里也看到，当时我穿了一身红色的衣服，我其实都不记得了，后来是他的影迷说的。因为他当时有影迷去参加我们的节目，说我当时一边理着衣服一边就往台上走，就觉得我怎么穿得跟新娘子似的。

李　艾：真的？

胡　可：很无意的一句话就成真了。当时我对他的印象，我觉得不属于一见钟情，是属于一见如故的。我就觉得这个人特别有意思，特别好玩，你跟他聊天的时候会觉得特快乐，特有感染力。我就觉得如果能够跟这么一个人当朋友的话，一定是一件比较不错的事情。

杨　澜：他怎么发起进攻的？

李　艾：这个时候你们俩有互留电话号码吗？

胡　可：没有，没有，完全没有。

李　艾：那是从什么时候开始的呢？

胡　可：后来我们在一起拍了一个戏，然后慢慢就熟了嘛。

李　艾：那他什么时候开始对你有所表达呢？

胡　可：后来拍戏结束回到北京，回到北京之后还有一段时间都不怎么联系，其实说实在的，我那个时候还挺失望的。因为我觉得大家在一起玩的时候就是那种感觉，是一种很暧昧的感觉，就觉得好像彼此……

杨　澜：我们懂，我们懂。就是又有点矜持，然后又有点暗示是吧？

胡　可：但是没有表白。

杨　澜：没有表白？他怎么一直不进攻呢？笨啊。

胡　可：但是我觉得他好像对我还挺好的，然后我也觉得自己还挺喜欢他的。后来到了北京之后，他也没怎么给我打电话，我就还挺生气的。我心想这什么意思啊，是不是我自作多情了，就有过这么一段时间。后来我主动给他打过电话，然后他就说，我们家在装修房子什么什么的。

杨　澜：真不解风情。

胡　可：听起来特别像借口的那种理由，我就想算了，他也不靠谱儿。过了一段时间，有一天他就约我吃饭，然后我想那吃饭就吃饭呗，也没有抱太大的希望，就觉得可能也就是朋友一起吃个饭。然后我们就选了一个面馆，就我们家楼下的面馆，然后就在那儿点了面。大家就闲聊，我问他们家装修怎么样了之类的。吃着吃着，他突然间说，要不然你做我女朋友吧？

杨　澜：你的第一反应呢？

胡　可：然后我说，那好吧。

李　艾：这么快呀？！

杨　澜：她已经在等这句话了。

李　艾：但是我怎么听到的版本不是这样的呢？

胡　可：你听到的是什么版本？你听到的是在饺子馆吗？

李　艾：我听到的真不是在什么馆里，我听到的就是沙溢费了好多的心思，不停地追求你，你就一直在前面跑，一点机会都不给他。

胡　可：他不是那种会花很多心思，很浪漫地追女孩的那种人，因为他是一个特别不浪漫的人。

杨　澜：真的？控诉他一下。

胡　可：他是一个绝对不浪漫的人。一个特简单的例子是，去年年底的时候我过生日，12 月份我过生日。后来都已经快到生日了，本来还想着他肯定会记得这件事，会送一个什么生日礼物呢，然后都快到了，我实在是忍不住了。

杨　澜：没动静是吧？

胡　可：对，没有动静。我们俩视频的时候我就问他，你帮我准备礼物了吗？

赵守镇：我觉得太不浪漫了。

胡　可：对。我原话也不是这么说的，我说我快过生日了，你记得吗？他说我知道啊，那你想要什么啊？我当时火就一下到脑门了，然后我就发一通脾气，我就说你怎么能这样呢？什么叫我想要什么啊？

杨　澜：对，你以为我只是要那东西吗？

胡　可：你送东西那是你的心意，你一定要自己去想，你觉得我可能需要什么或者你觉得我喜欢什么，女孩子都是这样。然后他就特别惶恐地说，我知道，我知道，我准备一下，我准备一下，然后这个就这样结束了。后来过了两天没有戏，我就回北京了，他也在北京。后来磨叽了半天，他说我能跟你商量件事吗？我说什么事啊？他说咱俩能去趟商场吗？你喜欢什么我给你买！

杨　澜：后来那天你挑了什么呢？

胡　可：一条项链。

杨　澜：你挑了一条项链。

李　艾：你心里是不是还是觉得挺不舒服的？

胡　可：我本来其实是有点不舒服，但是当他说出那句话的时候我就笑了。当时你会觉得这个男人特别可爱，你就会觉得他可能不是像很多很浪漫的男人会给你送花，会给你安排烛光晚餐或者给你很多惊喜，但他特别实在。对于我而言，可能这样的人更适合当老公。

就这样被你征服

李　艾：说实话，我几年前跟胡可一起搭档做过一段时间的节目。那时候胡可给我的感觉是，她特别美，又很聪明，而且她有一种天鹅一般的感觉，就挺骄傲的。我就觉得这么一个骄傲的女孩子，她怎么就挑定了沙溢？就是他了，他就是我老公了！当时是有什么事情促使你觉得我可以嫁给这个人？

杨　澜：对，因为谈朋友是谈朋友，决定要嫁给这人，这的确是需要下决心的。

胡　可：其实一开始我也挺犹豫的，因为我觉得演员本来面对的诱惑就比较多，还因为聚少离多嘛，大家在一起的时间就会比较少，另外他又比我小。

杨　澜：你介意吗？

胡　可：其实我不是说介意，我只是觉得可能他的未来的未知性比我的未来的未知性要大，他还有很多可变的空间。所以我一开始的时候也不敢保证说未来他是不是会像今天一样对我好，也犹豫过，然后也曾经想过，要不就算了。

杨　澜：真的吗？你跟他说过算了吗？

胡　可：曾经想过但我没说，但我的种种表现可能会让他觉得我是有这样的想法。

杨　澜：真的呀，那他怎么表现的呢？

胡　可：他就把我骂了一顿。

杨　澜：真的？你能学学吗？他怎么骂的？

李　艾：他把你骂了一顿？他敢！

胡　可：其实也不算是骂，他当时就打电话跟我说，是他做得不好吗。我说没有，你非常好，但是我只是对未来不确定。然后他就说，其实每一个男人对你来讲，他的未来都是不确定的，即便你现在找一个可能 40 岁的人，你以为他的未来就是确定的吗？就是诸如此类的话。

杨　澜：像哲学家一样。

胡　可：对，诸如此类的这些道理吧，加上训斥，也不算训斥了，他就说你怎么那么小孩脾气呢。后来我说那好吧，对不起，我错了。然后我就承认错了，这样关系就缓和了一下。后来他也提过一次分手。

杨　澜：他敢？！

李　艾：为什么？

杨　澜：我说他怎么今天不敢来我们节目呢，原来他竟然提出过分手。

胡　可：我觉得究其原因可能还是我的原因，我觉得是个性的原因。他是一个很善于表达的人，比如他每天都会说我爱你，如果我们两个人不在一个地方的话，他每天都会打电话说，我想你了。但我不是一个特别善于表达的人。

李　艾：你是主持人啊？

胡　可：真的，可能每个人的想法和习惯，表达方式会不一样。有一次我拍戏拍到11点多，就在北京郊区门头沟那边，我还美滋滋地给他发短信，还开玩笑呢。他说你收工后给我打一个电话吧，后来我就给他打了一个电话。我说怎么了，你今天来找我吗之类的，还在开玩笑，然后他说我想了很长时间，要不然咱俩就算了吧。

杨　澜：晕倒，晕倒了。

李　艾：太受刺激了。

胡　可：我当时就傻在那儿了，因为他曾经跟我说过，咱们两个人在一起，只要你不提分手，我永远都不会提分手。

李　艾：男人是善变的。

胡　可：当时我一下子就乱了，我已经不知道该怎么办了，就是完全不在我的预期范围内。后来他说，我觉得咱们俩还是不适合，反正说了几句也没有讲太多的理由。后来他就把电话挂了，我又打过去，我说不行，我今天晚上要见你，他说不见。

杨　澜：把话说清楚。

胡　可：对，他就是不见，后来又挂了。

杨　澜：不见？

胡　可：不见，怎么说都不见。

杨　澜：牛啊他。

胡　可：然后就挂了，后来他就关机了。

李　艾：他今天好在没来，我跟你说……

杨　澜：真的，他还想从这儿走出去吗？

胡　可：他要在就不让我讲了。我当时就特别木的一个状态，然后就坐上车去宾馆。一会儿电话响了，我一看是他来的电话。

杨　澜：他绷不住了。

胡　可：我就接电话，他也没说要见我，他那意思是说，咱们俩先冷静一下，过两天再见面。我说不行，我今天晚上一定要见你，我就一直坚持着。说了好长时间，他说那行吧，就答应了。

杨　澜：又约在面馆里吗？这感觉像接头的地方。

胡　可：不在面馆，约在面馆旁边的家里，后来长谈了一晚上吧，一直在聊。我觉得可能之前很多事情都没有放在桌面上去谈，他对我也是有误会，然后我觉得我做得可能也不好，比如说我的表达方式，我没有介意他的感受，没有去在乎他的感受。他就觉得他永远就像热脸贴冷屁股一样，永远在后面追，永远都追不上，不知道该怎么办。他并不是说不喜欢我了或者是不爱我了，他是觉得爱得太累了。

杨　澜：总是没有回馈？

胡　可：对，虽然说爱情是不应该要求回馈的，但是……

杨　澜：但是要呼应，他要求呼应。

胡　可：对，对，对。那天我也跟他解释，我说其实不是这样的，是怎么怎么回事，后来我也费了很多心思去向他道歉。

赵守镇：后来你经常跟他说我爱你吗？

杨　澜：后来说了吗？

胡　可：你是说后来变了没有是吗？往后的日子我觉得变了很多，会去说了，也会说“我想你了”之类的。

李　艾：我觉得胡可现在这个状态……

杨　澜：怎么样？你学到一些经验没有？

李　艾：我觉得特别适合配那英的那句歌词，“就这样被你征服”。真的，她现在就是一种小女人的状态。

杨　澜：多可爱啊。

李　艾：对，我向他认错，我错了，然后我也改。这都已经不是我认识的那个女孩子了。

杨　澜：所以那个骄傲的白天鹅终于对爱情坦白了，其实她也是非常需要爱情的。

美好的婚礼

赵守镇：后来是不是他对你的求婚让你很感动，就这么决心一起走到最后？

胡　可：他对我的求婚一点都不感动。我说过他是一个特别不浪漫的人，我现在已经不记得他求婚具体是在哪一天了。原因是他的求婚基本上就是属于，打着电话说着别的事，比如说今天晚上吃什么或者是最近我要去哪儿出差什么的，然后就是要不然咱们结婚吧。

杨　澜：然后你说要不然咱先挂了吧，什么叫要不然咱们结婚啊？听着一点都不郑重其事。

胡　可：然后我就说那好吧，就这样。因为你知道他的那种状态，我就觉得没有那么正式，然后我也觉得那行吧。

李　艾：你也开开玩笑？

胡　可：其实也没有，就是那种半开玩笑的状态，这就结束了。下一次比如说吃饭的时候，也许还在那个面馆，他就又会说这样的一个对白，然后诸如此类的对白会不断地出现在接下来相处的过程当中。

杨　澜：就是求婚可以是数次累积的过程？

胡　可：对，对。

李　艾：从量变到质变，

那这个质变是怎么来的呢?

胡　可:质变我觉得是一个水到渠成的过程，我就慢慢地觉得越来越去依赖这个男人，你会在精神上对他有一种依赖，我觉得这个是特别重要的，你就会慢慢觉得什么事情都想去征求他的意见。哪怕是两个人在家里的时候，比如说可能我在餐厅吃东西，他在客厅看书，我都会把他叫到餐厅来，然后坐在那儿看书，我在吃东西，其实两个人也不说话，我就希望跟他的距离是很近的，就是那种依赖。

李　艾:你被套牢了，真的是被套牢了。

杨　澜:她被套牢的感觉还挺好的。

赵守镇:我也挺羡慕她的，没有人问我，你怎么决定是他了或者怎么样，他们都觉得有人要你已经不错了。

杨　澜:谁说的?我们都觉得尼克特别幸运。

李　艾:我们都想知道尼克为什么会决定娶你的。

赵守镇:问他的人特别多，那我不管了，反正我们已经定下来了。

胡　可:管他呢，反正他已经是你的人了。

杨　澜:就是。

赵守镇:所以他的想法改变之前，我一定要定下来。婚礼的计划什么的，我觉得特别复杂，所有的策划是你自己一个人搞定的还是……

胡　可:不是我一个人，我觉得他其实对待这件事情比我上心，他是一个对婚礼很上心的人。其实我们筹备的时间很短，因为我是一月二十几号才拍完戏回来的，这个过程当中他一直在上海拍戏，所以他就是只要有空就回来，跟婚礼策划公司的策划师在一起商量。但是有一些比较好玩的点子，可能都是他自己想的。我们一开始的时候就不希望这个婚礼太传统或者是说太隆重，就希望它能够比较轻松比较快乐，我觉得快乐是最重要的。

杨　澜:所以他就自己穿着婚纱出来了，沙溢还自己穿上白色的婚纱娱乐宾客，对不对?

李　艾:他是怎么想到那个点子的?

胡　可：开场舞是我想的，因为我在网上看了一段视频，是国外的一个婚礼，他们去教堂，宾客都是跳着舞进去的，我就觉得还挺轻松的这么一个氛围，就想用这样一种方式。有一天我们俩在家，就看到有电视节目在播婚纱秀，后来看着看着他就说，他也来秀一下。

杨　澜：他真没把那件衣服给撑坏？

胡　可：他当时是开玩笑，他说，我要是穿上这个婚纱跳这个舞会怎样？当时我就一下子觉得太好了，然后我说就这么决定了。他说没有没有，我开玩笑呢。他开始退缩，我说不行，就这么决定了，我去给你买婚纱。

杨　澜：真的？还得按他的尺码买？

胡　可：对，因为我觉得会特别快乐。

杨　澜：说说你走上红地毯的时候，爸爸带你进去那一刻的心情？

胡　可：其实婚礼前一天彩排的时候，也彩排过这一段。那天彩排的时候，我还在笑，我就觉得挺好笑的，然后他们还老批评我，说我怎么那么不严肃。我还很担心，我说不会婚礼当天我也笑吧，那人家肯定觉得我太不认真了。后来婚礼那天，我就挽着我爸爸的手，从台子上面走过去的时候，那个音乐我是选了一个好像童声合唱的婚礼上的音乐，不知道怎么说那种感觉，尤其是我爸爸把我的手交到他的手上的时候，我就跟爸爸拥抱，看着他慢慢地从舞台离开的时候，就一下子觉得又难过又幸福。难过是觉得父母花费了大半辈子把我养大了，现在我也找到了自己的幸福，然后又觉得爸爸他真的老了，以后一定要去孝顺他，去好好地孝顺他跟妈妈，还要开始对自己的小家庭负责任，我觉得那个瞬间可能是这种……

杨　澜：百感交集？

胡　可：对，百感交集的感觉。

杨　澜：然后后来就哭了？

胡　可：对。

李　艾：那沙溢当时有没有说些什么？婚礼上做些什么？

胡　可：其实婚礼上没有说过什么，因为之前要准备很多细节嘛，比如说要写请柬，比如说要给来宾排座位。因为经常是有的朋友原本说来又不来，有的说不来又来，人数不断地增加或减少的时候，就要调整谁坐哪个位子。每天早晨一起来，他就把那个座位表排满满一桌子就开始研究了。

杨　澜：排列组合。

胡　可：我一看到那个头就大了，就觉得已经快崩溃了。那个时候我说你为什么还像战士一样，他突然间就说了一句，老婆，其实我也觉得很多事情是挺琐碎的，但是我希望能够给你一个婚礼，一个让你终身难忘的婚礼，大概是这样的一个意思。

李　艾：真是好男人。

胡　可：我们鼓鼓掌让沙溢能听得见。

杨　澜：男孩子们都学着点儿。

李　艾：我真的是见过两个人其实本来感情挺好的，为了结婚那点琐碎的事情，两人大吵一架差点分手。

胡　可：真的?

李　艾：对，就是因为很多男人觉得结婚这件事情就是完成一个任务，他觉得我以后一辈子会对你好，这只不过是个形式，但是对于很多女人来说就觉得这个很重要。

胡　可：其实我特别能理解新郎的心情，因为太多琐碎的事情了。我真的是觉得当时已经快崩溃了，你看我们写请柬，因为中间隔了一个春节，请柬本身就到得晚，我们还要写还要寄，所以就特别紧张。我还记得请柬情人节那天才到，时间已经很紧张了，我们全家就写到半夜，我是3点钟睡的，我爸我妈好像是4点钟睡的，他是一直写到早上5点多，天都亮了。

李　艾：我的天!

胡　可：所以我其实还挺能理解的。

杨　澜：其实那个时候彼此之间要多点理解和包容，办一场婚礼真的是挺不容易的。

胡　可：我们俩在婚礼的时候也有一次不愉快的事。第二天就是婚礼了，然后我们有一个桌卡，就是把请柬做成一个空白的，里面写上来宾的名字立在桌子上。那天他让我回家去拿，我怎么找也找不着。我说不可能啊，怎么会没了，左找右找找不着。然后我说没有，我说你是不是拿了，他说我没有，然后我们全家就已经快崩溃了，翻箱倒柜地找。一会儿他来电话说，老婆，在我这儿呢。当时我都快气疯了。也会有这种摩擦，但是大家还好，还比较能控制自己的情绪。

杨　澜：你可得早点儿，你别提前一个星期才把请柬寄到。

赵守镇：而且我们俩都是外国人，写汉字很难的。

李　艾：我来吧。

杨　澜：对。

胡　可：你可以找朋友帮你写。

杨　澜：我们可以帮你抄。

赵守镇：好，说好了。

胡　可：光你们俩写肯定是写不完的，太可怕了，我们家是全家总动员，包括我小姨、小姨夫、表弟都来帮忙，那几天我们家特别像一个手工业的小作坊。

发光的幸福女人

杨　澜：那天你那个捧花抛了，后来是谁接到了呢？现在有这么多待字闺中的。

胡　可：是我的伴娘朱锐，也是一个小女孩，一个女演员。我认识她好多年了，她是我一个特别好的朋友。

赵守镇：伴娘怎么选？

胡　可：伴娘啊，选你的好朋友。

杨　澜：标准呢？

赵守镇：如果她的身材比我好很多，个儿比我高很多怎么办？

胡　可：那就千万不要选。

杨　澜：可以让她做主持。

赵守镇：不管是做主持还是伴娘，不让她穿高跟鞋这是肯定的。

杨　澜：在她脚下挖个坑。

胡　可：你不让她穿高跟鞋，再把她的脸蒙上是吗？

赵守镇：我也是这么想的。

李　艾：我那天就素颜，我素颜。

胡　可：素颜都不放过你，必须得蒙面。

杨　澜：你看女人谈起婚礼的话题，老是这么兴奋，男人又搞不懂，这有什么好兴奋的。等婚礼结束了，宾客们都散了，你那时候的感觉是什么？开始数红包了吗？我想得有点庸俗，真不好意思。

胡　可：还没有。

杨　澜：还没有，第二天数？

李　艾：得闹洞房啊，怎么可能放过他们。

胡　可：没有闹洞房。

杨　澜：没有，现在都什么时候了还那么土啊？

李　艾：我刚刚参加完一个婚礼，特有意思，是我一姐姐，然后我们说婚礼完了，要闹洞房。

杨　澜：怎么闹呀？

李　艾：姐姐把高跟鞋一脱，说闹什么洞房，打麻将吧，我当时就有点崩溃。

杨　澜：我们现在是中式的、西式的、现代的、传统的混在一起，各种婚礼都可以混搭。大家都走了，那种感觉是什么样的？一定筋疲力尽了吧？

胡　可：那天后来我们又回到酒店上面的房间，因为还有很多东西要收拾，我就靠在床头那儿，我就觉得终于大功告成了。

杨　澜：终于嫁出去了，这回没有后悔药吃了。

胡　可：终于嫁出去了，就觉得还挺有成就感的。我觉得对当天的婚礼还是挺满意的，大家也都挺开心的，但是真的很累，你就觉得有一种如释重负的感觉。沙溢他自己就说，谁要想减肥就办场婚礼。

李　艾：他真的瘦了好多。

胡　可：绝对可以减肥。

李　艾：但是他这样瘦下来可帅了，我觉得。

杨　澜：控制，控制。

胡　可：还行吧。

杨　澜：守镇今年要举行婚礼的，你有没有什么忠告、建议？

胡　可：忠告就是你准备时间要稍微长一点，不要那么紧张，时间如果太紧张的话，会让你手忙脚乱。另外，我觉得不一定说弄得太复杂，只要在整场婚礼里面有一两个亮点能让你记住，能让所有的宾客记住，我觉得就可以了。

杨　澜：我们现在看到，胡可要做妈妈了，这种感情的起伏会让一个女人感到特别幸福吧？

胡　可：其实一开始对这种状况是完全没有心理准备的，因为我其实是一个挺粗心的人，我就觉得可能胃有一点不舒服。

杨　澜：你也太粗心了吧。

胡　可：然后他就说，你不会是怀孕了吧，你去检查一下。一检查就是怀孕了，然后我告诉他，他在那边就已经快不行了。

杨　澜：真的？

胡　可：对，特别开心，因为他特别喜欢孩子，而且他特别喜欢家庭。所以对他来讲，我觉得他的那种幸福甚至比我还多。

杨　澜：我们现在看到你，觉得你是发光的，你知道吗？

李　艾：对，真的。

杨　澜：怀孕到四五个月的时候，她整个的身心会调整到一个特别棒的状态，女人就是发光的，皮肤好极了，眼睛亮亮的。

李　艾：而且你的脸还这么尖，腿还这么细，就觉得整个人……

杨　澜：你以为是怎样呢，一怀孕就变成一个桶了？

李　艾：我以为是那样的。

杨　澜：没有，现在根本不会这样了。

李　艾：我要试试，我这辈子一定会试一试。我看到你，我就觉得好美，发着光的那种感觉。

杨　澜：我们现在要是把灯关了，这儿都闪光。

胡　可：萤火虫来啦！

杨　澜：对，这是母性的光芒。

李　艾：其实今天你带着一种幸福，一种喜气来到我们现场，所以我们都想沾沾你的喜气。我们也准备了一个捧花，虽然今天不是婚礼现场，但我们希望你能抛一下你的幸福，看谁能接得到。

杨　澜：好，准备好了吗？来，一、二、三，抢了。

（现场一位大姐抢到了捧花，随后又把花给了旁边的一位小伙子。）

李　艾：大姐为什么会把花送给你？

杨　澜：大姐，您是不是一开始拿着特高兴，后来一想自己已婚了是吧？

李　艾：那也应该给我呀，我抢了半天抢了一个花瓣。

杨　澜：这个小伙子刚才以一种非常殷切而诚恳的眼光看了大姐一眼，大姐就把这花给他了。你说说你要这花是干吗用？

小伙子：首先我是先认识的老白（沙溢在《武林外传》中饰演白展堂），然后才认识的沙溢，但是可惜两个人都不认识我。我也知道沙溢在他走红之前的生活也非常令人感慨，所以他能娶到天下最美丽、最聪明的浙江女人，真的很替他高兴。其实我的女朋友，她也是一个浙江的女孩。

李　艾：在这儿吗？

小伙子：她就在我身边。

杨　澜：得起立一下。

小伙子：浙江的女孩都非常聪明，我也尝试着求了好几次婚，但是，她特别聪明，总是能猜到我要求婚的那个企图。虽然她没有说明，但是她点点头，冲我笑一下，我就知道，她已经明白我的意图了，所以好多的计划非常可惜就落空了。

李　艾：所以呢？

小伙子：所以今天我希望能在大家的帮助下，让我完成这场6年的恋爱，因为我们俩已经相处6年了，今天，我想完成我这个心愿。

李　艾：要跪，要跪。

小伙子：你愿意有福你享，有难我当，成为我的老婆吗？

李　艾：太好了。

女孩子：我不愿意说，有福不同享，有难不同当。我觉得两个人生活在一起，不管怎么样，只要在一起。因为我们太熟悉了，他一个语气或者一个眼神，我就知道了含义。其实不管他求不求婚或者说他用什么样的方式求婚，我都会嫁给他的，就像刚才胡可说的那样，两个人结婚可能更多的形式就是水到渠成那样的。

杨　澜：所以你的回答是？

女孩子：我愿意。

杨　澜：我们把掌声送给你们两位，祝福你们，谢谢。胡可今天也特别有心，带来了喜糖跟大家分享她的幸福。幸福要拿来分享，爱情的甜蜜也让我们每个人都感受到生活的美好，再一次感谢胡可来到我们的节目，祝福她，祝福沙溢，祝福他们可爱的未出生的小宝宝。

龚琳娜、老锣

“神曲”是这样唱成的——龚琳娜、老锣

一首《忐忑》一夜之间爆红网络，它引发天后王菲想在复出演唱会上翻唱的欲望，它被称为学习一万遍也学不会的神曲。怎样的神人才能唱出这样的神曲？怎样的痛苦引发了神曲之路的诞生？又是怎样的珠联璧合唱响更多的神曲？

编导手记

跟龚琳娜的聊天是从“茶”开始的。

她说：“我们沏点茶喝吧，你喜欢喝红茶还是绿茶？”

我说：“随便。”

她就笑了，说：“随便其实就是什么都不喜欢。”

听完以后我虽然有点脸红，却也深以为然。

我们常说“随便”，看起来好像怎样都行，但实际上呢？虽然在对龚琳娜的介绍中，我也用了“一夜爆红”这个词，但是事实上，龚琳娜和她那首被称为“神曲”的《忐忑》，不是像孙悟空那样是突然从石头缝里蹦出来的。

何谓“神曲”

杨　澜：有这样的一首歌现在网上点击率异常高，而且大家都非常非常好奇。你说这首歌好听吧，你一个字也听不懂，说它不好听吧，它又一直勾着你把它听完，还有很多人试图去学唱这首歌，结果发现是徒劳的。

李　艾：最重要的是，这首歌还被另外一个明星推荐了，她就是非常著名而且我们也非常喜爱的歌手王菲。在她的微博上有她的视频的链接，还包括她的一些评价。评价当然都是比较好的评价，她还说要在演唱会上翻唱。

杨　澜：所以看来这首歌的确是有能够激发人们好奇心的这样一个作用。现在我们掌声有请这首神曲的演唱者龚琳娜。

龚琳娜：大家好。

李　艾：我想问龚琳娜一个问题，因为这首歌叫“神曲”，在年轻人当中还有另外一首歌也叫“神曲”，就是《爱情买卖》。大家都听过，你知道《爱情买卖》这首歌吗？

龚琳娜：我知道这首歌，但是我还没听过。

李　艾：但是你知道它是什么类型的歌，你的歌跟那首歌都叫“神曲”，你对于这会不会有什么想法呢？

龚琳娜：我想问大家一个问题，大家说的“神”是什么意思？

杨　澜：对，你觉得大家说的这个“神”是什么意思？

龚琳娜：有人说是觉得很神奇，有人说可能是因为听不懂，所以觉得它很神。

杨　澜：我觉得他们说的“神”还有一层意思，就是觉得你有点神神道道。王菲是怎么说的呢？

李　艾：王菲那个评语特别有意思，她说要唱好《忐忑》这首歌得经过三个层次。第一个层次就是唠唠叨叨，疑神疑鬼。第二个层次就是疯疯癫癫，要扮演各种角色。最后仰天长叹，弃世登仙。

杨　澜：疯狂了是吧？

李　艾：对。所以这个可能也是神曲的另外一个解释吧。

杨　澜：就是有很多层的意思，但是我最最好奇的是，这首歌到底是什么意思？

龚琳娜：一个人听一个东西，你懂不懂，最重要的是你感觉到什么。如果你的生理有反应了，你的心理有反应了，你就是懂了，因为你进入它了。你想它的名字叫《忐忑》，所以它肯定是一种忐忑不安，是不稳定的。其实这首歌一开始老锣在创作的时候，他先是把曲子写完了，然后给我，它还没有名字。我唱的时候就觉得我的心一会儿在上面，一会儿在下面，特别不安定，然后我就取名叫《忐忑》。我真的特别高兴，《忐忑》能给大家带来那么多的快乐。

赵守镇：你教我吧，教教我跟李艾吧。

杨　澜：有没有什么诀窍？比如说教教守镇，她哪些地方还可以提高一下？

赵守镇：我可以更好的。

杨　澜：有什么诀窍吗？

龚琳娜：就是要把每一个音唱准。

李　艾：对。

杨　澜：很厉害，真的。李艾试试吧。

李　艾：虽然我唱歌真不怎么样，但是我很热爱学习。我上网查了很多唱好这首歌的要点，我给大家总结一下。有三点要注意的，一个是神态，你必须要有那种瞪大眼睛，然后很有神的神态。

杨　澜：有戏剧感？

李　艾：对。第二，你一定要展现歌词的那种神秘，有些地方要有收有放，要有神秘感。第三就是别人要配合的，演奏者要给力。

赵守镇：还有一个很重要的，我觉得脸皮要厚一点儿。是不是？

龚琳娜：对。要敢唱，要真的有疯了的感觉。

杨　澜：要疯了的感觉？

龚琳娜：对。

李　艾：所以，其实你在看自己的VCR的时候，你也觉得表情有点夸张对不对？

龚琳娜：我第一次看的时候我自己也吓晕了，我觉得太夸张了。

杨　澜：这不是你要的那个样子吗？

龚琳娜：唱歌的时候，其实我从来没有想过什么是漂亮，或者我要怎样。就是一唱，我就会跟着那个情绪走了。

我不想对不起观众

杨　澜：但是的确，当我们听不懂歌词的时候，你的面部表情是我们一直看下去的一个理由。她这么激动，为什么呀？一直想知道。龚琳娜在歌唱事业起步的时候，她的歌我们一听就特别耳熟。

李　艾：那时候的状态我们都很熟悉，包括裙子、表情、歌之类的。

杨　澜：基本上都一样。你形容一下那个时候自己的状态，渴望成功，想象的是一种什么样的发展？

龚琳娜：那时候我参加了2000年青年歌手电视大奖赛，并凭《斑竹泪》得了银奖。我突然就有了很多机会在舞台上唱歌。每天坐着飞机到不同的城市去演出，跟我喜欢的彭丽媛、宋祖英一起在晚会上演出。但是有一天，我真的特别不快乐，不快乐的是我觉得我的梦想破碎了。

杨　澜：为什么呢？这不就是你的梦想吗？

龚琳娜：因为我唱的那些歌不是我想要唱的。很多时候是别人规定给你的，经常还有一种情况是对口型假唱。

杨　澜：经常是对口型的？

龚琳娜：经常是。

李　艾：但你明明有现场唱的实力，为什么不现场唱呢？

龚琳娜：因为他们告诉你说这样才对得起观众。这样的话你的声音完美，表情漂亮，观众才爱看。所以你知道吗，那个时候我就真的分不清楚是非，到底什么是对的。直到有一次，我记得我在一个城市演出，我当时要唱那个城市的市歌。头一天我才把那个歌拿到，我就赶紧录了音。第二天我就飞到那个城市，那天搭的舞台是一个室外的大舞台，观众很多，但是也很安静。我穿得很漂亮，很高的高跟鞋，化很浓的妆。但是我不知道我唱了什么，因为我记不住歌词，头一天才学的嘛，反正是假唱，基本上是把麦克风放得离嘴巴很近，看不见嘛。

杨　澜：看不见嘴型。

龚琳娜：就这样，还要装作很漂亮、很投入。然后我突然看见底下的观众，他们那样看着我，他们的眼睛告诉我这是从北京来的歌手啊。那几分钟我站在那儿，我就觉得我对不起观众，我就觉得所有观众的眼光就像箭一样，一下就射到我的心里。我打扮得那么漂亮，我拿着那么多的演出费，可是我连真正的声音都没有发出，就更不要说我唱的歌是我自己都觉得完全没有感觉的、很虚伪的东西。所以那一次我非常痛苦，那台上的几分钟让我感觉真的像过了10年一样。

杨　澜：其实我觉得你可能除了觉得对不起观众以外，你也会觉得对不起自己。

龚琳娜：对。

杨　澜：我一直这么喜欢音乐，就是为了唱这样的歌，难道用那样假唱的方式吗？

龚琳娜：后来那个演出回来以后，我就决定，我的底线是坚决不假唱。坚决不假唱的结果就两种。一种是比如有大型的开幕式晚会，他邀请我，我说能不能真唱，他说全部都是假唱。

杨　澜：对，为了现场直播的效果。

龚琳娜：那他们就只能找别人了，我就没有机会演出，这是其一。还有一种就是可以真唱。可是我的歌那么短，别人都是假唱的，到我的时候他们开始调音响，然后麦克风吱吱叫，等调好了，我已经唱完下台了。我妈妈他们在电视上看，就会说，就你那个歌效果最不好，然后我说可是我想做我自己。

杨　澜：你要付出代价？

龚琳娜：对，我要付出代价。我是真实的，我不能作假。那个时候这个方面我就坚持了下来。

李　艾：但说实话我有种悲哀。不知道为什么，听完以后我觉得要做真实的自己要付出这么大的代价，反而作作假，就能轻松一点。只是不要看见观众那种真诚的眼神，把自己的眼睛给蒙住，反而能获得更多，最起码能得名能得利。这是什么情况？

杨　澜：其实一周之前我正好跟崔健做了一个访问，我就问他，中国音乐的原创力真的有那么强吗？我们现在什么都说中国创造，我们真的有什么很多的好东西拿出来给世界看，说这就是我们创造的吗？然后崔健就说，是啊，如果假唱大行其道的话，那些真正有才华的数以万计的年轻人，就会永远没有机会的。就是用这样一种管理方式把创造力都给扼杀掉了。

龚琳娜：是这样的。

杨　澜：其实从我的角度来看，很多歌手特别是有名气的歌手，我觉得他们花在衣服上的精力远远高于他们花在唱歌上的精力。我觉得现在的衣服越来越豪华，为了镶那么多的水钻，然后无所不用其极。

龚琳娜：因为里面的东西不多嘛，他为了要吸引人，外面的东西必须得很多。其实你外面的东西越豪华的时候，你里面的内容就不够多，越显得空洞。

李　艾：还真是这样。

杨　澜：你说得真好。

李　艾：是，说得真好。

遇到生命中最重要的一个人

杨　澜：但是你对一件事情不满意并不意味着你就能找到出路，你觉得是这样吗？你有时候对现状很不满意、很愤怒，然后很沮丧，但是你并不一定能够找到出路。什么样的事情让你觉得自己要另辟蹊径？

龚琳娜：因为我虽然坚持不假唱，可是我还没有自己的特色。很多时候人家说你需要找一首歌，可是我觉得我需要的不是一首歌，我需要的是一条路，一条艺术的路。那个时候我真的非常迷茫，路在哪里？路在何方？所以我不知道该怎么做。可是我一直觉得我必须还是要做民族的音乐，这个音乐应该是更宽的、更开放的。可是我真的不知道路在哪里。在我最迷茫的时候，2002年我就遇到了我生命中最重要的一个人，他跟我一起合作，为我写了很多很多的好歌，也带我走上了中国新艺术歌曲的这条路。

李　艾：而且还让你此刻的表情如此甜蜜蜜的。

杨　澜：如此灿烂，还让你成为他孩子的妈妈。我们有请这么重要的一位男性，老锣！来，掌声有请一下。你带来一些什么玩意儿？

老　锣：我们翻译过来是巴伐利亚筝，很像古筝。但是是我的家乡德国南方的民族乐器。在中国稍微上点年纪的人，他们都比较熟悉这个乐器，因为是茜茜公主弹的那个乐器。

李　艾：以前觉得只要茜茜公主干的事情我们都去学的话，我们就会变成茜茜公主。但现在我发现老锣坐在那个乐器前，马上那种浪漫的感觉就不对了。

杨　澜：那是因为他还没有演奏。

龚琳娜：其实你不要小看这一把筝，当时我和老锣刚认识不久，他就约我说我们一起玩音乐吧。玩音乐对我们音乐学院的人来说，那没有这种概念。然后我记得我们俩在一个小屋里，没有观众，什么人都没有，就我们两个人，而且我们俩那时候也不熟。

杨　澜：你怎么知道他约你出来是为了要玩音乐呢？

赵守镇：你会对所有搞音乐的女孩子都这么做吗？我们两个人玩音乐？

龚琳娜：我们俩一起玩音乐的时候，我唱了3个多小时，我们没有说话，他就弹琴我就唱。比如说我唱《月亮代表我的心》，我唱前面，后面他弹着弹着就变了，我就跟着他的音乐自由地走，然后我越来越感觉到，原来唱歌不是为了别人唱啊。我从5岁开始在台上唱歌，就学习怎么表演，怎么唱给别人听，而那天晚上，我完全就是在音乐里，我给自己唱歌。我一会儿流泪了，一会儿又笑了，一会儿又跳舞，一会儿又大声地叫，因为我太压抑了。大奖赛以后，我一直是在那个环境里，不能真正地发声。所以我跟他在一起的时候，我就觉得，反正前面坐的是一个老外，他也不是什么声乐老师，不会要求我的声音必须得统一，所以我没有那么多的顾虑，我就需要倾诉。然后我们就用音乐在交流、倾诉。

李　艾：老锣当时什么样的感受？

老　锣：我是第一次跟她一起合作。那3个多小时我就发现她的音色非常非常丰富，能力非常强，但是都是很细的东西。我很快就注意到，在音乐方面，她是特别特别好的。

杨　澜：其他方面不好吗？

老　锣：其他方面我那个时候还没意识到。

龚琳娜：你知道吗？音乐会打开人的心。那3个多小时做完音乐以后，我第一次感觉全身的经脉通畅了。

李　艾：任督二脉被打通了。

龚琳娜：我从来没有这种感觉，全通了。完了以后我就跟他去喝咖啡，喝咖啡的时候我就把我所有的秘密，所有的心情……

杨　澜：那正是他所计划的。

龚琳娜：这其实我也不知道，我就是觉得这个人，你可以相信他，可以跟他说很多在我们那个环境里面你不敢说的。你很多时候都要乖乖的，做一个乖乖女，打扮成一个小美女那样。对，我需要倾诉。

赵守镇：老锣，你真是高手啊！过了多长时间结婚的呢？

龚琳娜：真正让我下定了决心要跟老锣结婚，我觉得是这样的。有一次他跟我说，琳娜我没有钱，但是我特别富有，因为我有自由。当时这句话我觉得说得很在理，后来我就去德国看他，他真的没有钱，他那个时候收入比我少多了，可是他把他所有的积蓄都拿到中国，和中国音乐家做音乐。他组建了一个乐队，后来我就说，你花那么多钱那么多精力去做乐队，万一这个乐队失败了怎么办？我就觉得这个男人太了不起了，他像不倒翁一样。后来过了半年，我告诉他，我说老锣，如果你没钱了，我把钱拿出来给你，我愿意站在你的身边，跟你站在一起。

杨　澜：好含蓄，今天的中国女人还需要这么含蓄地表达爱情吗？就说我嫁给你，把我的钱拿走吧。

龚琳娜：没有啦，实际上老锣特别能干，他做饭一流，如果让他去当个厨师赚钱，他也会赚很多钱的。其实他做音乐也做得非常好。

李　艾：我觉得他最厉害的是，他居然敢跟你妈妈吵架。

龚琳娜：对，我们俩一起讲吧。那次我们即兴做完以后，他觉得我是特别好的歌手，我就说那这样吧，明天邀请你去我家做客。那个时候我妈妈跟我住在一起，去我们家的时候我妈特别自豪，把我的那些参加各种晚会的 VCD，都拿出来给他炫耀。

老　锣：然后我跟她妈妈说的是，我觉得好恶心。

李　艾：真的假的？你当时就说了“恶心”这个词吗？

老　锣：我真的说了这个词。

李　艾：你知道“恶心”这个词是什么意思吗？

老　锣：我真的觉得好恶心。

赵守镇：当时她的妈妈，你后来的丈母娘表情是怎样的？

老　锣：她妈妈快要气死了。

李　艾：那怎么办呢？后来怎么对话呢？

老　锣：我们用了好长时间在调整，我跟她妈妈的关系就是不简单的。

龚琳娜：我记得后来我决定跟老锣一起做新音乐，那么就是说如果作品不好，我会拒绝很多晚会的邀请。然后有一次我妈妈就把他拉过来说，我跟你说，自从我女儿认识你以后，她也不上晚会了，也不要出名了，连我这个妈都不要了，都是你的错。我就在旁边，然后老锣跟我妈说了一句话，我记得特别清楚。他说，你要看看这是你想要的，还是你女儿自己想要的。

李　艾：这太重要了，所以老锣还真是一个有智慧的男人。

杨　澜：对。所以后来你们就开始一起合作来探索新音乐。我听说是到很多乡间去访问那种原生态的歌手，去采风。

龚琳娜：我自己去采风。去了贵州苗族的地方，到山上采风，我就在苗家的那个家里住了半个月。有一天晚上我睡着了，就突然听见外面有声音，我突然就醒来了。我想这是什么声音。然后我住的那家的一个小伙子就跟我说，是姑娘们在叫他们了，他们要出去了。我说我能不能跟你们出去，他说我们这是可以随便乱摸的，然后我开玩笑说我可不可以摸。其实他就是跟我开玩笑嘛，然后我们就一起去了。

杨　澜：没事，老锣不在。

龚琳娜：对，那个时候老锣真不在，老锣在德国，我一个人去采风。我们就到女孩家去，唱着唱着女孩男孩就出去了。男孩就会吹树叶，女孩就会唱情歌，他们真的是用音乐在谈恋爱，没有说太多的话。我就记得当时苗族的那些情歌非常性感，不是表演出来的，是真的好像……

赵守镇：我刚才想，他们是用歌声谈恋爱。

龚琳娜：对。

赵守镇：还好李艾不是在那边出生的。

杨　澜：要不然就谈不着了。

李　艾：对。

龚琳娜：其实我想，我去采风，我根本不是去学那个歌，最重要的是我要学歌背后的生活，我看到了晚上男女们是怎么谈恋爱的。然后早上，那些老太太光着脚丫就爬到山上去喂猪。老太太头发长长的，一边梳头，一边哈哈地笑，我就突然在老太太脸上看到了一种笑容，那是在我的奶奶、我的外婆的脸上从来没有见过的。我每次见到我的外婆，她总会担心我，问我钱够不够，身体好不好。但是苗族地区的那些老奶奶特别开心，特别健康。她们没有什么钱，她们喂完猪以后，回来就喝酒，一帮老人一起喝酒，开心地笑。我就觉得太快乐了，这就是生命。苗族地区的那些山歌、情歌、酒歌全部都是生活。那个时候我意识到唱歌就是唱生活。

杨　澜：看来在老锣的训练下，你已经打开了自己的灵感。你有没有给老锣写过一些情歌什么的？我们导演说你陕北民歌也唱得好。

龚琳娜：我曾经唱过一组《血色浪漫》。电视剧《血色浪漫》中我唱了所有的插曲。

李　艾：那是你唱的？

龚琳娜：对。

李　艾：真的很棒。唱得真好。

杨　澜：那个情真的在里面。

赵守镇：我发现她唱歌的时候特别投入她的感情。

杨　澜：她是很娇羞的那样。

用音乐表达爱

杨　澜：老锣，你们家乡有能够表达对女人的爱情的音乐吗？

老　锣：像我不怎么用这种方式表达，但是我给她写了很多的歌。

龚琳娜：对，他给我写了很多的好歌，比如说《你在哪里》。

杨　澜：在这首歌里，歌词变得不那么重要，节奏、情绪变得很重要了？

老　锣：对。

杨　澜：但是它毕竟还是有词的，可以去追寻一点线索，到完全没有一个可以辨认的汉字，那是怎么发生的呢？

老　锣：我现在听好多人讲他们怎么分析《忐忑》，其实有没有歌词并不是什么重要的事。重要的是它本来是在一个大的曲目里面的一个作品，所以不一样，如果单拿出《忐忑》去分析它，它的特色是没歌词，就是好记。它的效果就是很不一样，更像乐曲，所以你会有感觉，在音乐会中间出现这样的作品，一点也不别扭。

龚琳娜：因为老锣是为我的一整场音乐会创作的，所以音乐会里需要一个像《忐忑》一样叫好的作品，这只是音乐会里的一个作品而已。

李　艾：所以在《忐忑》这个作品里，声音其实就是一个乐器而已？

老　锣：对。

李　艾：它只是像琴一样是个乐器而已，所以它不需要有歌词。

老　锣：对，是这样的。很多人分析了好久，谁懂这个歌谁不懂，琳娜已经说了，这对我也是很有意思的，因为如果你喜欢，基本上你就懂。

杨　澜：现在《忐忑》在网络上这样流行，我听说有很多国内的演唱会、晚会等等，都会邀请你去。

龚琳娜：对。

杨　澜：会不会以后想把工作的重心放到国内来？

龚琳娜：这几年我们就想把重心放到国内来，我也希望有更多的机会为国人唱歌。

李　艾：但会不会又陷到原来你所痛恨的那种晚会歌手的境遇里头？

杨　澜：不会了，因为她现在口型对不上。

龚琳娜：肯定不会，我已经用小乐队了，我也不用卡拉OK伴奏带，我坚持用自己的小乐队。

赵守镇：老锣，什么时候你觉得你老婆特神，跟别的女人不一样？

杨　澜：你要注意说什么，老婆的眼神已经变得严厉起来了。

老　锣：我想我们互相没觉得怎样，因为我们两个太熟了。

杨　澜：你觉得老婆什么时候最有风采？你今天在看她的演唱跟你当年看她妈妈给你看的VCD的时候……

老　锣：当然是很不一样的，但是怎么形容呢，还真是不好说。有的时候音乐会的时候，我觉得这次没那么好，但是生活当中，早上起来的时候她看着我笑，我就觉得她太漂亮了。

杨　澜：太好了。其实我觉得语言也好，音乐也好，都是为了沟通。你有非常真诚的心，也就能够感触到美的东西，爱的东西，然后你也会表达。其实我觉得他们两个人带来的音乐神奇之处就在于，在很多我们听得懂每一个字的歌曲里，我们什么也没有听到，但是在一个我们一个字都没有听懂的歌曲里，我们却听到了很多，这就是它的神奇之处。也希望你们创作更多的神奇的歌曲来给大家听。

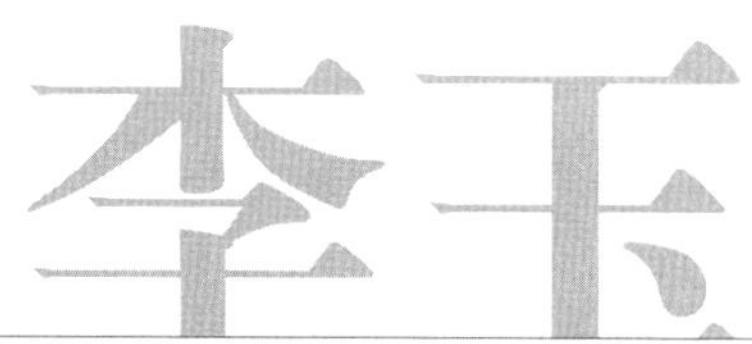

青春狂想曲——李玉

李玉的电影或多或少都藏有一些痛感，她认为痛是一种情感的状态。从她的角度来看，她的内心一直对世界存在一个深深的疑问——爱是什么？因为对于爱的无解，所以她开始拍摄电影，希望从电影中去寻得一些答案。

编导手记

我们都曾是叛逆的少年，享受青春的存在、迷失、疯狂、叛逆。

我们内心都有偏执的梦想，为点亮梦想的火种奋不顾身。

《观音山》导演李玉和我们一起分享年少时绝食逃课的叛逆，为了梦想放弃安稳的刺激，还有卖房子成就愿望的肆意生活，共同探讨每个年轻人心中对于存在感、自我价值的深深困惑，一起激发生命中最蓬勃的力量。

作为新锐导演，李玉凭借《红颜》《苹果》《观音山》一部部影片被大家所熟知、认可。作为非科班出身的导演，她的电影中会有许多纪录片的影子。同时，在她的电影中，更多也看到了她对于内心，对于社会的叩问。

《观音山》里的疼痛青春

杨　澜：其实今天我们的话题跟年轻有关。在 20 多岁的时候，一个人刚刚踏入社会，面临很多的难题，自己有很多纠结困惑。这可能是人生当中非常痛苦，但是又很刺激，也让人回味无穷的一个年龄段。这个年龄段有可能会非常疯狂，只是想证明我存在，你们得关注我。有一部电影就特别得到了大家的认可，它不仅在国际电影节中屡获殊荣，同时在国内也取得了很好的成绩，这就是《观音山》。我们今天就请来了它的导演李玉。

李　艾：我想问下，影片中 3 个年轻人各自的困惑是什么？

李　玉：3 个年轻人，南风她的困惑实际上……

李　艾：南风就是范冰冰这个角色？

李　玉：对。她的困惑来自于她自己的爱情。她离家那一段经历，实际上她自己可以承受，因为她父亲酗酒，所以她想自由地出来，这是年轻人可以理解的想法。那个她可以承受，她承受不了和迷惑的是当面对爱情的时候，她很执着，但是她不知道男人在想什么。她觉得为什么我一直爱着他，可是他没有给我任何回应，他可以跟别的女孩调情，他也不愿意面对我这份爱，这是她最大的一个困惑。然后丁波，就是柏霖扮演的那个角色，在他的青春期里面，他最大的困惑也跟这个有关，就是一个男孩子在拥有什么之后，才可以拥有他喜欢的女人。他不敢碰这个东西，这不仅仅是责任，他觉得面对伤害的时候他接受不了，可能会有的那些麻烦他也接受不了。

杨　澜：对，他宁可不去碰。

李　玉：但是他心里是有爱的，在铁轨上那一场戏里有他们俩的对话，你能看到很深的爱在里面。胖子其实是这个电影很幽默的那部分，他的烦恼就来自于他的胖。因为胖，所以他被很多人欺负；因为胖，女孩也都不喜欢他。影片中那女孩亲他也是带有一种戏谑的成分，所以南风才去报复，才去砸酒瓶，然后去反亲那个女孩。所以他的烦恼很实际。你看到青春期那个小胖子，但是他又很可爱，电影中所有的亮色都是他给的。

李　艾：那在电影当中，你觉得印象最深刻的是哪个场景呢？

李　玉：其实是张姐在车里的那段，张艾嘉在车里哭的那段。我们曾经讨论过，有不同的意见，她说不哭可能会更好些，后来我跟她说没关系，这个时候把你放进去了，你就顺着自己当时的情绪演。因为她本身也有痛，你知道她有过那段经历。

杨　澜：她的孩子曾经被绑架过。

李　玉：对，而且差一点就被撕票，她有过这样一段经历。所以我说，你觉得在里面不哭可以，哭也可以，你先进去自己感受一下。像这样的一个电影，其实大家看起来有很多东西可能有点不理解，一般家里有人去世，是要把他的东西挪开的，让你不再去想。但是影片中她要穿越这个东西，本身这个车就是出车祸时候的车，她儿子就是在那个位置上死掉的，她要坐在那个位置，她就看她自己能不能穿越这个东西。她每天都去那儿坐，抽一根烟。她原来可能不想哭的，在车里有一首她儿子经常听的歌，那个音乐起来的时候，她就坐在那儿静静听。突然一下子那个哭的声音传来，那是演不出来的，她是用自己的感情去带动这场戏。

杨　澜：这表演真的是力度特别大。

李　玉：对，我们那个挑杆就一直举着，我看她那个泪都来不及擦，那场戏所有人都不讲话了。你看她刚开始的时候，那张脸一直很平静，然后那个歌一响起来，她自己就有了感觉。她说确实是，这个地方就让她自由地感受发挥好了。所以我拍完这部戏后，张姐就说以后不能再接这种戏了。

杨　澜：就是能触及心灵最深处的一些痛。

李　艾：导演拍电影其实都有一种表达的欲望，想说点什么，你觉得《观音山》对于你来说是想说点什么呢？

杨　澜：是不是青春期一直没过？

李　玉：对，对。

杨　澜：真的吗？

李　玉：对，我不是青春期，我是叛逆期没过。你知道“杏仁核”吗？

杨　澜：不知道。

李　玉：就是脑子里有一块，产生、调节情绪的。对于一些狂躁型的病人，现在有一种手术叫调整杏仁核，可能可以让他变得温顺一点，没有那么强硬，反应没有那么厉害。我可能就是杏仁核这部分……

杨　澜：就是疼痛对你来说，记忆不够深刻是吧？

李　玉：对，对。

杨　澜：你每一次还是会去尝试，还是会去叛逆。

李　玉：我觉得可能我有时候会享受这种疼痛感。

杨　澜：我听说你是一个特别一根筋的人，如果你跟一个人有一段友情，然后他欺骗过你，哪怕说过一句谎话，你都会找上门去让他承认他说谎是吗？

李　玉：对，对，那是十二三岁的时候。

杨　澜：那时候比较幼稚。

李　玉：就把自己衣服都撕了。因为那个时候她在另外一个城市，家里人说十几岁肯定不让你单独出门。我就说如果不去的话，那个朋友就不知道她那句谎话对我伤害有多大，我要告诉她。

杨　澜：十二三岁能有多大一句谎话？是什么？能透露一下是什么样的一句话吗？

李　玉：我其实忘了，可能真的是很小，就是鸡毛蒜皮的小事，但对我来说就不能容忍。现在可能好多了，那个时候真的是这样的。后来我爸爸都说，我去行吗，你别跑了，我跑一趟。家里人就是被我逼的，我当时就不上学了。

杨　澜：不上学了，听说你还绝食了？

李　玉：对，就一根筋到这种程度。

杨　澜：那人是男孩还是女孩？

李　玉：女孩，幸亏是女孩。

杨　澜：那应该是关于什么橡皮筋、棒棒糖之类的小事吧？

李　玉：对，有可能我说了一句什么悄悄话，她告诉了别人，类似于这样的。

杨　澜：那就等于背叛？

李　艾：你过去质问她，她怎么说呢？

李　玉：她就傻了，其实她忘了，她不记得这个事情。说完之后我一下子就放松了，然后我说因为我觉得我们是友情特别深的好朋友，所以以后遇到这种事情，你不要再让我跑一趟了。

杨　澜：真是隔得有点远。

李　艾：但是你的朋友会不会从此以后压力很大？

杨　澜：对呀，你这么容易受到伤害。

李　玉：有，应该会。所以后来我慢慢调整自己。我昨天还跟朋友聊天，我说其实真的是要包容你爱的人，你要连缺点也一起包容，然后大家再找到一个很好的相处方式。

破釜沉舟做电影

杨　澜：到成年以后你做过的最疯狂和叛逆的事情是什么呢？你20多岁时是不是也有过迷失和困惑呢？

李　玉：有。在济南台的时候，我每天坐在那儿化妆，包括今天你们的工作人员帮我补妆的时候，我还说其实我特别不愿意化妆，所以我自己在家里就弄了一下。

杨　澜：还行，还有点职业水准。

李　玉：后来是你们的化妆师帮我补的。

杨　澜：那更有职业水准。

李　玉：那时每天坐在那儿，突然有一天我就特别沮丧，因为在一个单位里面，你可以看到你 40 岁、50 岁是什么样，你老的时候是什么样，你最高可以做到主任或者是制片人。我突然觉得很沮丧，我特别不愿意要一个保险的人生，我觉得我每一步都是未知的，我要那个刺激感，我有去创作、去探索的勇气。那如果让我看到将来是什么样的时候，我就觉得生命要停止了，那我想就算了吧，就不做了。

杨　澜：但是在很多人眼里，这是一个非常让人羡慕的职业。

李　玉：对，而且很稳定，然后对父母来说就是晴天霹雳。

杨　澜：你的父母太不容易了。

赵守镇：也辛苦你的男朋友了。

李　玉：因为我们副台长那个时候出了车祸，躺在医院里面，医药费台里全部给他报销，还照顾得很好。然后我们台长就说，如果你在外地，真有这样一件事情的话，没有人会管你的。那时候我很年轻，反正我就在想人生挺短暂的。

杨　澜：主要是 20 多岁的时候觉得自己是不朽的，是不会死的。在年轻的时候就特别看轻死这件事情，因为她觉得身体太健康强壮了，生命力太旺盛了。

李　玉：对，那个时候我觉得自己不是叛逆，反正看到一条路我就往前走，那个路有光，其他的路对我来说挺黯淡的。

杨　澜：所以你就来到了北京，在中央电视台的《生活空间》节目做一个导演是吧？等于是从台前退到幕后来做了。

李　玉：对，对。

杨　澜：那段日子对你影响很大吗？

李　玉：我曾经拍过一个纪录片《姐姐》，当时挺逗的，其实就是两个 6 岁的孩子，是双胞胎。生的时候家庭开了一个会，就是谁先出来，先拿谁谁就是老大，那家里人就说让女孩做老大吧，女孩天生比男孩要懂事。虽然一样大，但就先把女孩拿出来了。我们拍的时候是 6 岁，她从懂事起就反抗姐姐这个角色，她不愿意当姐姐，因为作为姐姐她要陪弟弟玩。其实弟弟比她晚了几分钟，她就说为什么她是姐姐，她老跟她妈妈说这个。

杨　澜：她拒绝承担这种责任？

李　玉：对。

杨　澜：特别是分糖的时候，不行，不一样多。

李　玉：对。弟弟要学象棋，她要学跳舞，但她就必须得陪弟弟学象棋，因为下棋要两个人一起下。她就牺牲了自己很多乐趣，所以她就用打滚把衣服给弄脏了，用各种各样你看起来是孩子的方式在反抗。当时我们就把这些点点滴滴拍了下来，终于有一次，晚饭的时候，她也爆发了，她说出一句话让我们大家都挺震惊的，她说，妈妈你不爱我。

李　艾：孩子就有了这种感觉？

李　玉：对。然后她就经常在楼上，靠着窗帘说觉得活着特没意思。

杨　澜：天哪，这小小的脑袋……

李　玉：我们拍下来播出之后，他们就成名人了。坐火车都有人认识他们，好像当时就是这期节目已经超过了《新闻联播》的收视率。

杨　澜：后来这个女孩的命运发生了什么改变？难道她做妹妹了吗？

李　玉：父母有一个意识了。

李　艾：最起码公平对待了？

杨　澜：就是尊重她的自由意识嘛。

李　玉：现在那女孩子特别优秀，去加拿大读书了，而且学的好像是数学，特别优秀。

赵守镇：怎么听着好像是那么久远的事了。

李　玉：对，我 1997 年拍的。

杨　澜：对，那时还小，李玉也就 20 多岁嘛。

赵守镇：怎么突然间想拍电影了呢？

李　艾：对呀。

李　玉：因为我拍的是家庭，其实我觉得一定程度上泄露了人家的隐私。你有没有发现，刚才我讲这个故事的时候，实际上已经把人家最隐秘的和当时他们没有意识到的……

杨　澜：其实你干涉了他们的生活，可以这么说。

李　玉：对，我觉得纪录片会有这个问题。因为我一直在写小说，我觉得不如写成剧本，因为即便是真事，大家还是觉得那是电影嘛，不会有任何的伤害。然后我就开始找投资，就完全崩溃了，没有人相信你能拍电影。

李　艾：为什么呢？你也有作品，好歹也拍了一些东西。

李　玉：你所有的经历就变成你的一个障碍，先做主持人，大家觉得你做导演就不对头。

杨　澜：已经有点障碍了？

李　玉：对，人家又觉得你是做纪录片的，隔行如隔山，所有的人都是这样的一个看法。反正每次面对投资人，我就说我虽然没做过导演，但是我之前做过很多纪录片，我对电影其实也是有自己的看法的。

杨　澜：你打算拿我的钱去做试验吗？

李　玉：对，真的有这样讲的。

杨　澜：那人家问为什么要我来投资呢？

李　玉：我说其实这个电影的投资也不大。

杨　澜：你最初一部电影要人家投资多少呢？

李　玉：你猜猜。

赵守镇：300万？

李　艾：我觉得100万总得有吧。

李　玉：都没，就40万。

李　艾：40万拍电影？

李　玉：对，其实我把预算都列出来了。

杨　澜：真的？

李　玉：对。

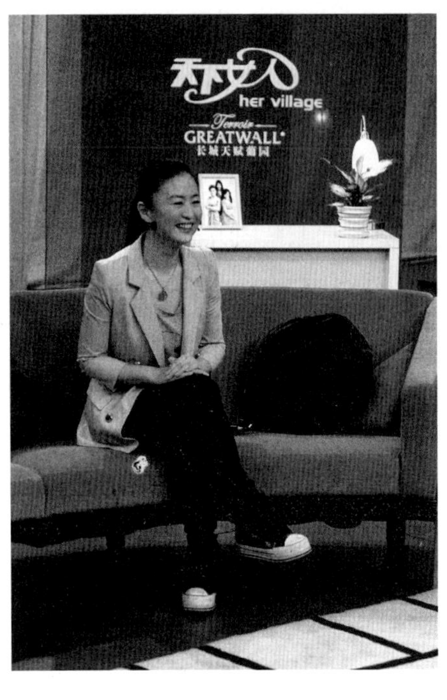

杨　澜：基本上你不拿钱是吧？

赵守镇：你导，还自己演，主演找朋友。

李　玉：预算也列了出来，都没有人去投资，就是没有人相信你。

李　艾：主要看你比较娇小吧。

李　玉：那时候不到26岁。每次坐到那儿，大家基本上都是很怀疑的眼光，就是基本上喝喝咖啡就算了。

杨　澜：所以很有失败感了？

李　玉：特别有失败感，我那种状态真是无助。但我的性格就是南墙我看到了，我撞了吧，我就再回去拿把锨，我铲一铲看能不能铲过去。

杨　澜：那后来第一个单子怎么谈成的呢？

李　玉：没有啊，我把房子卖了，我自己的钱拍的。

杨　澜：真的？

李　玉：对。

赵守镇：那有没有想过万一电影搞砸了怎么办？

李　艾：对啊，那你就连住的地方都没有了。

李　玉：我就没想过。我不是有远见的人，实际上我特别注重眼前，目前我就是要把这件事情做成。所以我妈就很崩溃。

杨　澜：可怜的老人家。

李　玉：对，我妈就给我打电话。

杨　澜：你是姐姐吗？

李　玉：我是妹妹。

杨　澜：还好是妹妹。

李　玉：幸亏我是妹妹。

杨　澜：还有一个。

李　玉：对，还有一个。然后她就说，你想过你住哪儿了吗。我说马上要拍戏了，我住剧组。她说那你想过你拍完之后住哪儿吗。我说没想过，那不还没到呢，还有俩月呢。然后就这样拍了，还借了点钱，还不够，很便宜就把房子卖了，因为急嘛，就很便宜卖给人家。那个时候我还有一个男朋友，他就和我一块儿做这件事情，他也得住剧组。

杨　澜：真的？

李　玉：对，所以他做了制片主任。

杨　澜：你两个月以后住哪儿了呢？

李　玉：我就死皮赖脸住到一个朋友家里了。现在想起来我当时真的挺赖皮的。

杨　澜：真的吗？人家给你暗示，你故意装作听不见，听不懂？

李　玉：对，对，对。

李　艾：你是跟你男朋友一起住过去，还是就你一个人？

李　玉：两个人。

李　艾：你们还真可以！

赵守镇：你的朋友有几个房间？

李　玉：是个复式，我们住在楼上。终于有一天，他自己不好意思让我们走，他让他的一个舅舅来跟我们说。

杨　澜：给我们描述一下，他怎么知会你这个房客的。

李　玉：因为那时实在是没有办法，一分钱都没有。

杨　澜：后来那个舅舅怎么跟你们说的？

李　玉：我们还在楼上睡觉。他舅舅在楼底下喊我，因为我也见过他舅舅，他舅舅就说，我们都知道你们是艺术家……

杨　澜：然后呢，就是问艺术家可以搬走吗？

李　玉：他舅舅说，我们知道你们的方式，可能自己没有想那么多。他们还是从我们的角度出发，但是他说他就要搬进来住了。

赵守镇：你现在这么笑，但是当时可能不会这么笑了吧？应该是心里咯噔了一下吧？

李　玉：对，我就是特别尴尬。

李　艾：那怎么办？得赶紧走了，这已经很明确了，你也没有办法假装听不懂了。

李　玉：就上去收拾行李。

李　艾：那去哪儿呢？

李　玉：后来又借了点钱，借的钱越来越多。

李　艾：天哪，你现在还有朋友吗？

杨　澜：不是，关键在这之后，她男朋友就说这么不靠谱儿的人，没法娶她做老婆。

李　玉：他其实真的还挺支持我的，那个事情之后我们就搬出来了，借了点钱租了一个房子。我就赶快接活，做纪录片了。然后慢慢又缓了过来。

杨　澜：感情生活有没有受到影响？后来你们分手了，跟这有关系吗？

李　玉：其实是有关系的。我觉得在这个过程当中，你不可能有那种稳定的状态，不是稳定的生活。两个人可以一块儿奋斗，但知道是处在一个特别不稳定的状态的时候，我会有不安的感觉。

杨　澜：你现在还没有结婚是吗？

李　玉：还没有，但是有爱。

杨　澜：有爱。

杨　澜：这是你的第一部电影吧？

李　玉：第一部。拍完以后也不知道有电影节，也不知道有审查，就因为喜欢这个就把它干完了。后来有一个美国的朋友就跟我说，他真的特别无奈，因为他看完之后挺喜欢的，他就说你知道世界有三大电影节吗。我说不知道。他说威尼斯、戛纳、柏林。我说那怎么办呢，怎么跟人家联系呢。然后他说这样吧，我帮你把带子寄过去。我说好。那个时候其实我只知道有一个香港电影节，但是这个电影节已经过去了。

李　玉：就完全不知道。

杨　澜：不是我说你，真是的。然后呢？

李　玉：就是一直没消息，那个美国朋友就告诉我说，他们美国人有一句话，没有消息就是好消息。

杨　澜：这不带这么蒙人的。

李　玉：可能就是安慰我，当时他说如果很快给你打电话说不行了，这事就不行了，我也就信以为真了，那接着等吧。我就做别的了，继续拍纪录片嘛。后来，威尼斯电影节的人就给我打电话了，他们找了一个中文很好的工作人员，就跟我说你的电影我们特别喜欢，而且他们也觉得那是5年来中国电影很少见的一种状态，然后我的电影作为惊喜电影就入选了。我真的挺高兴的，但是那种高兴挺盲目的。我很高兴就去了，去了之后发生一件特别大的事。放映记者场的时候，少了一本胶片，情节就接不上了，比如说这段时间在吵架，下一个怎么突然冒出来另外一个人物，就是在说话。然后记者就在笑，全世界的记者坐满场了，因为那个是作为惊喜电影在放映。

杨　澜：人家后来真的惊讶了。

李　玉：这是一个太大的惊讶。

杨　澜：这个不是你的失误，是放映的人的失误吧？

李　玉：当时因为是意大利人帮我做的意大利的字幕，他们在做字幕的过程当中不知道怎么回事，邮寄中就丢了一本胶片。

杨　澜：后来你怎么办？现场也很尴尬。

李　玉：我觉得有时候我其实是一个挺愣头青的人，当时我就愤怒地站起来，我就让那个翻译翻译一下，就说这不是我的电影，大家不要看了。因为那种笑太让人受不了了，不是说你没有理解这个电影，而是因为这个失误。后来我就站起来说，大家先不要看这个电影了，我说我退出，我退出这个电影节。全部讲完之后我就走了。之后到一边放开哭，就自己找了一地儿，心里头特难受。我就想第一次，确实自己拍了，付出这么大的心血拍了这么一部电影，也希望观众能够看到一个完整的东西。后来那个翻译就过来说，电影节的主席想见见你。我说不见，眼泪一擦，后来翻译说他已经站在那儿了。他都看到我的动作了，一擦泪，一甩头的，然后他就过来说我们特别喜欢你这个电影，所以才邀请你来，特别抱歉，这是我们工作人员的失误。他说你看能不能这样，你不是寄来了一个带子吗，那10分钟就用这个带子来放，虽然效果会有损失，但是起码能让大家看到你真正的电影。

杨　澜:完整的作品?

李　玉:对，我其实还是很生气，但是被他的诚恳打动，后来我就说好吧。然后他说第二个请求，就是要请我吃顿饭。

杨　澜:这个可以满足一下。

李　玉:当时我就觉得挺好的，然后就去了，聊了很多，就说到放映的时候会怎么样，聊这些东西。后来放映还是挺成功的，得了一个奖，我还开玩笑，说该不会是安慰奖吧。因为之前出了那样的一个事故，他说不是安慰奖，其实张艺谋的《大红灯笼高高挂》就获过这个奖。

杨　澜:你应该感到很受鼓舞了。第一次电影节，卖了房子拍还能得到这个奖，很多卖了房子的都没得到。

李　玉:其实还算幸运的。

家庭影响了我的态度

杨　澜:在你小的时候，父母的离异对你伤害很大吗?

李　玉:影响很大。小的时候是伤害，现在我感觉可能真的是对我影响挺大的。

杨　澜:你那时候多大?

李　玉：不到 20 岁，他们离婚的时候没有告诉我。因为我那个时候是参加了一个主持人大赛，还不到 20 岁。而且他们是在我生日那天……

杨　澜：天哪，那一定是无心的。

李　玉：他们离婚是在我生日那天，但是他们没有告诉我。后来我回到家里的时候，我妈妈就跟我讲了。我以为我不会哭，因为我觉得我长大了，但是我还是哭了，那个伤害就是觉得家要散了。人就是那种感觉，不管父母离不离婚，他们只要在这个世界上，这两棵大树就没有倒。

杨　澜：而且你永远是孩子。

李　玉：只要他们在，他们健康快乐，他们幸福，你就觉得你是一个孩子，做孩子是很幸福的。任何事情你有一个可以撒娇的人，你有一个甚至是可以发脾气的人，他们不在乎你这点，甚至发脾气他们都高兴，因为你给他们打电话了。那个时候就感觉这个家要散了，所以还是挺伤心的。

李　艾：会不会对爱情的观念也有了变化？

李　玉：主要是对爱情。那个时候就是觉得受到了伤害，家要散了，随之而来的就是对爱情的不确定了，有困惑了，所以那个时候真的影响了我对恋爱的态度和观念。那个时候就是，对爱情特别没有安全感，甚至别人跟你相处得好好的，你就想要走开，因为我觉得总要分开的，还不如早分。

杨　澜：其实是有那种潜意识。

李　玉：我从来没有总结过，但真的是会有……

杨　澜：其实有很多心理暗示是我们给自己的，就是觉得我是不会有那么好的婚姻的。有时候我们会自我暗示，然后你就会有点成心把它给毁掉。

李　玉：而且我特别希望在最好的时候走开。

杨　澜：而且就是说与其那个人离开你，还不如你离开他，是吗？

李　玉：这个我没有想过，反正就是分开。我特别喜欢郝蕾曾经讲过的那句台词，她说我们分手吧。那男孩说为什么，她说因为我离不开你。

杨　澜：这个从常理上听是很矛盾的，但是实际上就是因为她太珍惜了。

李　玉：对，她太爱了。

杨　澜：她不忍看到他的不完美。

李　玉：对。就像我们，如果你是一个很真诚的人，你很难爱上一个人，但是爱上一个人的时候你又很投入。有些男孩有些时候他是试试看，爱也是真爱，但他只是爱一爱、试一试，如果合适了在一起。

赵守镇：现在买房子了吗？

杨　澜：非常实际的问题，守镇太好了。

李　玉：真正关心我的人。

杨　澜：对，就是。

李　玉：在好几个地方都有。

李　艾：从没有房子到变成地产商了。

李　玉：我是很简单的一个人，我妈妈的教育其实对我还是挺有影响的。

杨　澜：总算发生了一点作用。

李　玉：她就觉得你要善良，要做一个善良的人，还要做一个不奢侈的人。这是她一直以来对我的教育，所以我现在很简单，我现在也不开车。

李　艾：所以你现在就是房子也妥当了，然后……

李　玉：我自己的生活我也觉得没什么问题了，因为我觉得将来哪怕我挣再多的钱，可能都不会让我最快乐，因为钱是让你一部分获得了自由，你可以做自己想做的事情。

杨　澜：其实还是要做自己想做的事情。

李　玉：对。比如说，我在大学里面跟大学生聊天的时候，我就说你能够挣钱，而且这份钱是用你自己想做的事情挣来的，那这时候是最幸福的。

杨　澜：我们想听一听你对幸福的理解和你对幸福力的看法。

李　玉：我觉得这是一个挺不简单的题目。因为像我经历了这么多，也算是挺坎坷的。所以，幸福对于我来说，就是能包容那些不幸福的时刻，能解开那些痛的时刻。这意味着你有力量去战胜所有这些东西，然后才能追求到你真正的幸福。我觉得幸福感就来自于这些地方。

杨　澜：当你有一个梦想的时候，你可以卖掉自己的房子要去实现它，并没有人保证你一定会成功。那个时候你最大的动力是什么？

李　玉：物质的幸福是不能跟精神的幸福画等号的，我觉得最大的动力是，我追求的那个东西能让我产生一种特别大的幸福感。

杨　澜：去做的这个过程就已经是一种回报了。

陈数

极致女人——陈数

一个女人怎样才算有魅力？是性感，纯真，妩媚，贤淑，还是热辣？其实无论哪一类做到极致，都足以让人怦然心动。而当她把种种对立的性格结合起来，散发出混合的魅力时，我们才发现，陈数确实是个极富有魅力的女人。

编导手记

从毫无先兆的半途转行，到匪夷所思的相亲定终身，我们的第一解读往往是，这恰恰彰显了其性格中的对立面：过于自信，或是极不自信。

但当陈数不经意地表达出自己选择当演员，或许正是看见了角色带来的多种可能，生活中的自己没有机会呈现那种形态时，我们或许能够这样理解：无论是做演员，还是生活中的她，都希望能够经历一些与众不同的可能性。而通过这些具有极大风险的可能性——完美实现，除了自身的性格、能力的展示外，也彰显了这个女人身上潜伏的冒险精神，而使她在这些风险中一帆风顺的，没有别的，仅仅因为：她心中有数。

拉开角色与生活的距离

杨　澜：今天我们就现场盘问盘问，看看陈数究竟是一个什么样的女人。

陈　数：杨澜姐好。

杨　澜：你好。

陈　数：其实我上一次来《天下女人》的时候，我记得我跟杨澜姐聊过一个特别有趣的话题，就是女子性格当中的对立面。

李　艾：我觉得你就很有对立面。

杨　澜：东北人都有对立面吗？

陈　数：是，是。我一直很欣赏一个女性身上有可以形成对立面的那种性格状态。比如说她可以很纯真，但她同时也可以很性感，因为这两个词往往是让人有一种对立感的，但是当它们在一个女性身上都具备的时候，她散发出那种混合的魅力，我觉得反而是比只具备一种更有味道。我小时候也特别欣赏以及崇拜杨澜姐。有一件事情你可能不记得了。

李　艾：她也是从小看着你的节目长大的。

陈　数：那时其实我也很大了。我没说杨澜姐别的问题。

杨　澜：我的眼中露出了不太平和的光芒。

陈　数：是这样的，我说一说大家就知道了。其实那时候我已经很大了，就是我刚刚在东方歌舞团工作，因为我工作比较早，是 1993 年参加了大连服装节，你是主持人。

杨　澜：对。

陈　数：我那时候是东方歌舞团的舞蹈演员，我还说跟你合个影，我印象特别深。

杨　澜：后来合成了吗？

陈　数：我站在旁边，穿着表演的服装。合成了，合成了。

杨　澜：我那时候没有对你太凶吧？

陈　数：没有，我来讲讲杨澜姐当年的故事。当时我穿着像陕西的民间舞的那种服装，还拿着个小鼓，这是我们服装的道具。我就站在她的旁边，我说杨澜老师，我能跟你合张影吗？我记得杨澜姐当时特别安静，特别随和地说可以，可以，来，坐下来，我们一起合影。因为坐下来不会妨碍到别人嘛。

杨　澜：所以你必须对每一个遇到的人都要好，这是经验之谈。在《暗算》之前，你虽然也演过一些角色，但是因为那个戏特别红嘛，大家一下子就觉得你是一个女数学家，但是又敢爱敢恨。那部戏里你觉得你发现了自己哪一面？

陈　数：发现的其实挺多的，只不过之前有一些是自己已经知道的，但没有机会在戏里表现。就比如说因为演了那个戏，大家说陈数很知性，因为可能觉得没有人这么来演数学家。就比如说大家觉得戏中黄依依很可爱，然后我也会发现原来我还有这样很可爱的表情，这个是我自己以前看不到的。所以正好在这么一个很丰富的角色当中，在这么一部戏里我能看到自己的很多种可能，这个有些时候也是需要角色给你的，生活中可能我没有机会呈现那样一个状态。

李　艾：会不会觉得有时候会面目有一点模糊？因为你可塑性太强，演这个也像，演那个也像，然后造型也很多变，就是扮成这个造型的时候，跟你那个贵妇造型完全是两个人，会不会有人有时候也会觉得陈数到底长什么样啊？

陈　数：实际上，生活中经常会有人不知道我是谁，哪怕是飞机上我旁边的人。

杨　澜：他会觉得你眼熟是吧？

陈　数：他也不觉得我眼熟，他只是可能想跟我搭讪。后来才知道我是个演员，然后弱弱地问我一句，发现我叫陈数，然后就再也不敢跟我说话了。最后下飞机前跟我说，你真的跟电视上不太像。

李　艾：那是因为没有化妆的原因吗？

陈　数：那是因为我的每一个角色，我拉开了她们彼此的距离。

李　艾：那会不会也觉得……

陈　数：这其实是个好事，它给了我生活中很多的空间，让我能够跟很多人一样，可以真实地去生活，我没有必要出门一定要戴眼镜。这样是件很幸福的事情。

李　艾：但是你有一些照片可能会影响你的生活。

陈　数：有一些什么照片呢？

李　艾：我跟你说我拿到了一些照片，这个作为证据可能影响你的生活。我们现在来看一下陈数的床戏照片。

杨　澜：这就叫床戏照片？你这故弄玄虚啊。这是在哪儿？

陈　数：这就是拍《铁梨花》期间，在老虎山上的那个帐篷里头。有 10 多分钟能够休息，我就在那儿歇了会儿，但这是在一个大摄影棚里，里面又搭了一个像那种军用帐篷一样的帐篷，所以在里边待一会儿就热得要死。但就这样，你却只有这个地方可以躺下来休息一下。

杨　澜：拍得很辛苦吗？

陈　数：非常辛苦。你必须拼了命才能够把这个戏坚持下来。

杨　澜：你举个例子，比如说哪种戏你觉得拍得辛苦。

陈　数：我举个例子。有一场戏是我跟张吉安的扮演者杨志刚拍的，我逼着他说出我的恋人被发配到哪里去了。两页纸的台词，我又是色诱他，又是逼迫他，最后恨不得拿着剪子要去杀他。最后两个人就是扯扯拽拽，你必须真扯真拽。情绪再加上声音，还有你的眼神配合才能够同步到达一个比较有效果的状态。我记得他拍完那场戏，回去睡午觉去了，可我要拍一天拍到晚上 12 点，然后中午之后我整个身体就在那儿抖。真的，因为你真使劲了，你必须真使劲才行，但是我们这样的戏天天都会有。

杨　澜：如何色诱的那部分能不能给我们演示一下？

李　艾：这个我们比较有兴趣学习一下。

陈　数：铁梨花很高，我想这是我们编剧会写剧本，很懂得尺度的把握，但同时又有效果的地方。铁梨花色诱张吉安这场戏是逼着张吉安脱衣服，她自己不脱。

杨　澜：我们就更想听了。

陈　数：就是一个劲儿跟他表忠心，说其实我知道你喜欢我，我反正怎么怎么着，一通表忠心，然后让张吉安非常热情，也有点忘我。张吉安自个儿跑床上，开始脱军装外套，就穿着一个衬衣了。然后这个时候……

杨　澜：怎么叫表忠心？什么叫表忠心呢？

陈　数：表忠心的意思就是我听你的，我是你的人了，既然你喜欢我，你想怎么着，我都听你的。这都是很含蓄的语言，让那个爱自己的小伙子就开始不行了，然后以为能发生什么，自个儿就把军装外套一脱。这时候铁梨花一变脸说，你赶快告诉我，如果你不告诉我，我就大喊，说小叔子窜到嫂子屋里来了，想欺负我，然后我就让旅长把你给毙了。

杨　澜：女人太阴险了。

陈　数：这个剧本写得非常有趣，就在于这些地方。

杨　澜：但是要拍这么一场戏的话，是不是就觉得情感的投入非常大？

陈　数：我第一次发现老演员们说的那句话是对的。

杨　澜：什么话？

陈　数：演戏是一种体力活，当你体力不行的时候，你会发现力不从心，演不到位，甚至演不动。这是我在这部戏当中非常鲜明地感觉到的一个问题。

杨　澜：让你爬山头吗？

陈　数：倒也不是爬山头。我的意思是说，并不是拍我要爬山头的戏，或者拍我奔跑的戏多么辛苦，而是在于每天都有紧张的戏发生的时候，过了3个月，你的体能真的已经是不行了。你就会发现当你去演哭戏的时候，哭不出来了，哭的眼泪都是小的。

杨　澜：眼泪还有大的和小的？

赵守镇：眼泪都干了是吧？

陈　数：不是干了，就是你会觉得那个效果不够，因为哭是要靠内心的一股气把眼泪涌出来。

杨　澜：真的，我们都不会。

陈　数：我觉得我是一个比较笨的演员，我自己感觉不到伤心，我是不会哭出那么多眼泪的，我觉得我是个蛮笨的人。

杨　澜：所以只能靠这种传统的方法，你要从心里去想一个特别特别苦的事情。

陈　数：对，调动情绪出来，所以到那个时候我就知道涌的这个劲儿弱了，涌不动，那其实是体力不好。然后也出现过一场戏就是，我得知我的儿子娶了媳妇，逼走了我的另外一个儿子，是使了阴谋诡计的，我特别气愤，然后把我这个儿子叫出来训斥，还打了他几巴掌。因为那场戏我演得很好，导演就号召大家给我鼓掌。几天之后导演聊天时还说，那场戏演得真不错，说你老年戏演得其实超出了我们的预期。我想说的是后面的事，最后拍完这场戏已经 11 点半，可以收工了，我晚上两点钟还在哭。

杨　澜：还在哭？

陈　数：对，就是你会被这种情绪调动起来，你回不去。这也是体力差的一种表现，你的能力都已经在减弱了，这个是消耗啊，能量在不断消耗，按理说这样的情况不应该出现，但是就是因为这样的一种辛苦……

李　艾：我觉得听起来特别像跑车。

杨　澜：怎么跟跑车有关系了？

李　艾：因为她需要调动那种情绪，就像跑车的发动机的那种感觉，但是如果这个车已经比较弱了，你刹车是刹不住的。就算跑起来了，速度到一定程度你就刹不住车了。

杨 澜：你怎么会有这种经历呢？

李 艾：我没有，主要是因为我最近在看车。

心里很有数

杨 澜：好，我们再说说陈数的名字的事。

陈 数：我原来的名字陈澍，可能熟悉我的人都知道，就是“澎湖湾”的“澎”三撇改为“寸”的那个“澍”，在字典里这个字只有一个解释，就是“及时的雨”，只能当名字用。后来我发现因为这个字出现了一些问题，因为经常会被媒体写错叫错，经常就是“陈澎”。我最崩溃的一次是……

杨 澜：你就是陈澎啊？

陈 数：对，对，对。我记得最崩溃的一次就是，我主演的一部戏的宣传发布会上，领衔主演竟然是“陈澎”。主办方都不好意思，还跟媒体介绍说，我们是请外面的人来做的，打错了，大家别写错。

杨 澜：为什么叫“数字”的“数”呢？

陈 数：因为同一个音没有别的字可选。

李 艾：还有“大树”的“树”。

陈 数：“树木”的“树”我考虑过，是当时的备选。然后不能叫“漱口”的“漱”吧，还有“艺术”的“术”，不知道为什么我觉得像术士，单独拿出来并不好，所以后来不知怎么着就用了“数学”的“数”。但后来我发现又有一个问题，因为这是个多音字，它会被人叫成陈数（shǔ）。我前些天参加华鼎奖去领奖的时候，崔永元说的就是陈数（shǔ）。

杨 澜：真的？扣他奖金。

陈 数：后来芳菲还挺好的，念了几次陈数（shù）。崔大哥等颁奖的时候就叫我陈数（shù）了。

杨 澜：改了名字以后觉得更好了吗？

陈　数：从那以后，在家里数（钱）的时候特清楚。

李　艾：其实你觉得自己心里有数吗？

陈　数：我对于自己做工作这个层面的事情上，从小到大一直都还蛮有数的。比如说我喜欢舞蹈，我就选择舞蹈这个行业，去学习，去工作。

李　艾：选择舞蹈是很小时候的事了。那时候你爸妈……

陈　数：这不是我爸妈选择的，你看比如说李小冉，李小冉上舞蹈学院是她爸妈替她选择的，这个事我知道，但是我上舞蹈学院是我自己哭着喊着要去的。然后我爸爸觉得，既然孩子这么喜欢，也算是块料，那就让她去学吧。所以等于说事实上是我自己选择了我的专业。

李　艾：你工作了几年后，据说那时候团里准备给你分一个70平方米的房子了。

陈　数：对，再多待一年我就会有这套房子。所以好多人都说我傻，觉得我应该把房子先拿到手然后再走。

李　艾：是不是因为当时的房价没有那么高，70平方米也不算多？

陈　数：不是，还真不是。因为我已经工作7年了，当时是文化部最后一批福利分房，在那之后就再也不会有了。1999年我去上中戏，我是觉得我已经不是个小女孩了，我既然知道自己未来的道路在那里，我为什么要因为一套房子在这里浪费我一年的时间呢？

杨　澜：才一年。

陈　数：我是觉得时间对于我来说更加重要。

赵守镇：她心里已经有数，当演员的话，可以买700平方米的房子，是不是？

杨　澜：但其实那个时候，她在演艺方面也还没有一个非常明朗的前景。

陈　数：我没有，我只是知道我要从事这个行业。

杨　澜：我觉得放弃，如果大家知道我前边要得一个桃子，我在这儿扔下一个杏，这不算什么难的决定，关键是你有可能在前面什么也得不着。你只是去上中戏，多少孩子在上中戏，而且就像你说的，你那时候已经工作7年了，你不是一个小孩子了。你真要放下自己已经努力了这么多年的事，不觉得可惜吗？

陈　数：放弃舞蹈专业一定还是有一些可惜的，当然我觉得还有其他几个复杂层面的心路历程。就比如说我记得我当时离开东方歌舞团宿舍的时候，我是跟另外一个人合住在一个15平方米的房子里，也就是团里的那种集体宿舍。其实那只是个宿舍，也不会有多么值钱的东西，只是拿些衣物或者生活用品，但是你突然觉得心里很空。因为那是你在北京工作7年唯一的一个家，你觉得那个家没有了，新的家就是完全陌生的中戏的一个学生宿舍，而你的身份，你面临的专业，全部从新的地方开始。

杨　澜：你那时候的决心是怎么下的呢？

李　艾：是不是有什么人跟你说，其实我觉得你拍戏应该会比较好？总得有一个原因吧。

陈　数：有啊，有啊，就是我们《音乐之声》的音乐剧的导演钮心慈老师，她跟我说，如果你喜欢表演的话，你可以考中戏。我当时不知道我还可以考中戏。

杨　澜：这话完全不用负责任的你知道吗，我可以跟任何一个女孩子说，如果你想学表演的话考中戏。

陈　数：是。

杨　澜：对不对？

陈　数：对。她其实只是给我一个建议，我唯一提的问题就是，我可以上中戏吗？因为我不是应届高中毕业生。她说可以上，你可以考哪个类型的班，我只是获取了这样的资讯，但5分钟之后我就知道我会改变我的未来。

杨　澜：太有数了。

李　艾：其实当时你挺年轻的，我想会不会是你当时在舞蹈团里算是很漂亮的美女，比其他的女孩都漂亮，所以你觉得去中戏应该还是有竞争力的。

陈　数：没有，东方歌舞团的一大特点就是舞蹈演员一定要漂亮。

李　艾：你在当时的团里头……

陈　数：一定不是所谓最漂亮的，我从小都不是最漂亮的孩子。我记得我上舞蹈学院，第一学期的时候跳民间舞课，自己很努力在那儿跳，然后老师说陈数你别笑了，你笑得比哭还难看呢。

杨　澜：为什么？你笑一个给我看看。不会呀，为什么说笑比哭还难看？这老师说得挺伤人自尊心的。

陈　数：其实说实在话，我觉得老师是有点伤小孩子的心，当然他也只是客观表达，那个时候可能我还没有找到符合舞蹈需要的那种状态。我一直认为我不是属于那种天生笑容就很美的女孩子，因为有一类的女孩子，她笑起来很美，因此少女的时候就特别容易得到很多长辈和老师的喜欢。

杨　澜：但通常长大了都不好看。

陈　数：那我就不知道了，我就是这么聊以安慰自己的。然后我就向同学学习，看能不能达到那样一个效果，因为作为表演者来说，有一些技术是要练的。笑也是能练的，我对着镜子练，我们同学都知道我这个事情，就是陈数对着镜子去练自己的笑。因为我原来小时候，有个习惯是爱这样笑，只是上面笑，嘴巴不怎么动，然后后来他们说，你不应该这么笑，你要尝试把嘴巴打得再开一些。

李　艾：露牙多一点？

陈　数：也不是说露牙，就是你要对着镜子去练。后来我就发现，原来我自己的生活习惯是随便傻傻地那样去笑，其实不应该只是按生活中的来，应该练一练，后来就有所改善了。因为民间舞是一定要笑的，东北秧歌你也要笑。

赵守镇：跳的时候要笑。

陈　数：但是你心里不知道为什么要笑，不像戏剧演员，知道我为什么要笑，比如说今天我结婚了，或者今天我拿状元了，或者今天我有什么高兴的事，因此我特别高兴，这有一个心理支撑。可那时候小孩也没有受过这样的训练，你只知道要笑，那只能越笑越紧张，最后就成这样了。

杨　澜：我觉得最可怜的就是儿童艺术团，北京、上海都有一些专业的儿童艺术团，经常上晚会的那种，孩子们笑得真假。

赵守镇：特别可怜，表情是僵着的。

杨　澜：对。后来我女儿参加学校里的一个舞蹈表演，她还不是专门去学舞蹈，就是孩子们一块儿。然后，她说妈妈我要上台表演，我说我先看看你怎么笑吧，我特别怕她受到那种影响。

陈　数：老师没有教她为什么要笑？

杨　澜：对。老师就跟他们说把嘴咧开，练技术，把笑当技术来练，太恐怖了。

李　艾：那转到戏剧这一行业，当时如果看电视就觉得女演员都特别漂亮，你不担心吗？如果对自己的相貌不是那么自信的话。

陈　数：我觉得这就是戏剧这个行业给予很多演员的空间和机会，美不是唯一的外在标准，其实作为演员，有很多个性的东西是可以允许你来表达的。当然如果这个角色需要美，是个美丽的男子或女子，那你也要把他（她）的外在美的东西表达出来。比如说这个人没有任何外面的包装，或者身份是一个乞丐也好，或者农村妇女也好，普通的这种底层的劳动人民，或其他的人物也好，你就得按他（她）的外形来演，你就不必在乎自己外形怎么样。

相亲遇到另一半

杨　澜：除了在自己的艺术道路上心中有数以外，我觉得在感情上陈数也比较有数。但是我觉得她的恋爱方式有点不靠谱儿，就这年头还有相亲的。是有相亲的节目，但是我都觉得那是供大众娱乐的，那不是当真的。

李　艾：我真的有相亲过，我就去过。

杨　澜：你去相过亲？

李　艾：我相亲过，我妈安排的，特尴尬。

杨　澜：我特想听李艾说整个过程。

李　艾：然后我就去了，我哪儿能不去啊，我也知道我妈操心我这事。去了之后，对方一坐下来就笑笑，第一句说的是被妈逼的吧，然后我说你这话怎么那么像骂人呢。这就是我们两个人的第一句和第二句对话。

杨　澜：你脸红什么呀？

李　艾：我就觉得因为是奔着那个目的去的，就特别尴尬。

杨　澜：关键是你第一眼没看上人家。

李　艾：其实挺好的，是一个军人。个子挺高大的，但是人家一看也没当真，因为我的职业可能他就觉得我认识人应该很多，就是觉得我是被家里人逼迫来的。

杨　澜：你妈妈可能觉得这个头还算般配。

李　艾：她也可能觉得家庭环境还挺像的，应该能有共同语言，所以我就去了。后来成了朋友，因为聊来聊去，就觉得实在不靠谱。

赵守镇：在韩国相亲的那些女孩子都是豁不出去。

杨　澜：豁不出去？

赵守镇：豁不出去的人。

杨　澜：什么叫豁不出去的人？

李　艾：没法找对象，是说嫁不出去的人。

赵守镇：对，嫁不出去。我们把嫁不出去的女人叫祸。

杨　澜：嫁不出去就成祸了。

赵守镇：对，已经是祸了。

杨　澜：你们怎么对未婚女性这么歧视？

赵守镇：重男轻女还是有的。对，重男轻女。

李　艾：我祸得厉害着呢。其实我比你祸得更厉害。

杨　澜：没有，没有，开玩笑呢。陈数跟胤胤据说是孙周介绍的，都认识，大家都认识。

陈　数：都认识，非常熟悉。

杨　澜：然后他非常骄傲地说，你看，我有眼光吧。

陈　数：我觉得他眼光还是蛮厉害的。我挺佩服他。

李　艾：说说那天的饭局，那天是3个人的饭局吗？

陈　数：没有，他就是打了一个电话告诉我，有这么一个人，要安排我们认识一下。

杨　澜：他明确地暗示你，这是有可能成为你的男朋友或者丈夫的？

陈　数：对，他是很明确的，所以我说这是相亲。但是我又很严肃很认真地说，谢谢孙周导演，但还是不要抱有那样的目的去认识，太尴尬了，是否跟对方说清楚，说我们就是认识一下。别真是相亲来了，那太尴尬了。

杨　澜：比相亲更尴尬的就是大家明知是相亲还得说假的。

陈　数：其实我觉得说清楚是为了不让对方误会。万一你没跟别人说清楚，说我就一定找一个能够相亲之类的，给人以那样的期待，如果最后没成，多尴尬。不如大家有一个心理准备，不强求什么，但是给自己一个机会。

杨　澜：坐下来第一句话说什么呢？

陈　数：倒没有坐下来第一句说什么。我们俩第一次通电话的时候，就是约地方见面。我说赵先生你好，他说陈小姐你好。反正很客气，都很礼貌。我之前有看过他的采访。

杨　澜：还做了功课和调查？

陈　数：然后我看他讲美食嘛，就发现他又懂酒，又懂美食，我还感慨人家的生活还是很不错的，很有品质的生活。照片也看过，所以有一个模糊的印象，但是真的通了电话我就发现，这个男人的声音挺好听的，我很在意男人的声音是否好听。

杨　澜：所以，人说闻香识女人，男人要先听其声再见其人是吧？相亲之前先打个电话聊一会儿。

陈　数：起码我觉得声音能加分，因为光看照片我觉得他很纤瘦，我觉得作为一个钢琴家可能不是这个声音，但他偏偏是挺成熟、挺稳的一个声音，所以我觉得这个男人够自信，我还蛮欣赏的。

杨　澜：见面第一句话是什么？

陈　数：还是赵先生你好，陈小姐你好。握了个手就坐下了，然后就相约找一个餐厅去吃了饭。

李　艾：我觉得你胆子挺大的。从小我妈给我灌输的观念就是，找男朋友或者找老公 3 种人是一定不要碰的，一个是会计，一个是艺术家，一个是帅哥。赵胤胤最起码占了两个，算是帅哥吧，还是一个艺术家。我觉得你胆子挺大的，因为按理说艺术家给人的感觉就是比较风流倜傥，风流的人女孩都有点害怕吧。

杨　澜：现在不一定了吧。

陈　数：所以要接触，我觉得要接触。

李　艾：你们不是第一次相亲就定了吧？

陈　数：没有，没有。但是他跟我说第一次见完面之后，他就知道要我做他女朋友。他当时说过这个话，但是我不敢，因为我的胆子比他小。哪怕我觉得这个男孩还不错，初次见面还比较谈得来，而且也还蛮吸引我的，我也愿意再接触下去，但还不敢说 OK，就交往吧，那是不敢想的，他就已经很确定了。

赵守镇：你跟他见面是第几次相亲？之前有相亲过吗？肯定会有比较的。

陈　数：相亲过，真的。

杨　澜：你还需要相亲吗？你身边不都拥着男人吗？你肯定是那种谈朋友就是奔着要结婚的女人。

陈　数：对，那是。我从小到大都觉得谈恋爱就是为了结婚的。

李　艾：有句名言是非常厉害的，说如果不是以结婚为目的的恋爱，那就是耍流氓。

杨　澜：瞎说，有没有这句话？是不是后面加上李艾的改编了？

赵守镇：我的一个朋友，相亲成功结婚的那个朋友，她相亲一共有5次，她跟她老公是第5次相亲完结婚的，因为前面的4个人都特别烂，特别差。

李　艾：就衬托得她第5次特别好是吗？

赵守镇：对，但是她现在想他未必是特别好的，只是前面的特别差，所以……

杨　澜：就是你怎么知道这个男人是最适合你的，当然他们都会表达说很喜欢你，很爱你。

陈　数：我发现有些问题可能是我这个职业会遇到的，有一类是，有一些人他来认识你，甚至追求你，他并不是因为喜欢你，他是因为喜欢黄依依，喜欢白流苏。

杨　澜：就喜欢你那些角色？

陈　数：对。其实这是一个蛮尴尬的事情，当你发现之后，你只能很坦诚地说我还是陈数，生活中的我不完全是黄依依，也不可能只是白流苏，所以我们最好还是冷静地对待这个问题。我们可以做朋友，可以继续聊你喜欢的那个人物，但是我们不要再进一步发展。还有一种人可能多多少少对这个行业的女性有一些好奇，他觉得有一个这样行业的女朋友很有面子。

杨　澜：很多这样的人。

陈　数：所以说当你的专业领域能给你爱的人，甚至家人带来荣耀的时候，这不是一个好的事情。我觉得一切还是要建立在有爱的基础上，我觉得这个本永远不能忘掉，我也只能继续跟他说，我们比较适合做朋友，我们就不要再进一步交往了。

李　艾：胤胤表现了哪几点，让你觉得他符合你心目中的男人标准？

陈　数：所以我后来害怕了。

杨　澜：为什么？

陈　数：我见他第二面的时候我就问他，一个劲儿地问他，我说你看过我什么角色，我很害怕他会因为某个角色喜欢我。

李　艾：结果他是怎么回答的？

陈　数：他说他只看过一部分的《上海滩》，《暗算》没看过。我就放心了，我觉得很好，这样我们可以很公平地了解对方。我肯定不是那个最完美的人，我也有很多的缺点，但是我们交往是要接受真实的对方，千万不要上来就设立一个虚幻的梦。

真心接受所有的过去

杨　澜：你觉得你自己会是一个什么样的太太？你适合什么样的男人？其实作为女性，我们通常会说什么样的男人适合我们，反过来也可以想想，我们适合做什么样人的太太呢？

陈　数：这个问题还真的是考倒了我，我从来没有想过这个问题。我觉得换位思考其实蛮重要的。我想首先有一点就是必须有共同话题，还有就是愿意真实地生活着的那一类人。他来探过几次班，他把那段时间的国外的音乐会给延期了，他知道这部戏很难，因为4个月，你也知道这个拍摄期，他就这样经常到剧组来看我，拿着炖汤的小锅来看我。

李　艾：真的？但你看到他不是会更苦了吗？特别是他要离开的话。

陈　数：还好，还好。

杨　澜：说一说他每次要离开的时候，你们俩怎么告别？

陈　数：拜拜，再见，就是这样的。

杨　澜：不可能。

陈　数：真的。

李　艾：对，我觉得一般来说，你在坚持着自己努力的时候特别怕亲人来看。

杨　澜：对，特别是带着慈爱的眼光，心疼你受委屈了，就很容易崩溃。

陈　数：从小到大，没有任何人带着慈爱的眼神跟我说过，小宝贝你辛苦了。

杨　澜：真的吗？

陈　数：真的。

杨　澜：你爸爸妈妈呢？

陈　数：我爸爸妈妈也不是这种性格，他们从来就是告诉我多穿点衣服，多注意点什么。他们从来没有像哄孩子一样的那种心态。

杨　澜：那他感动你的就是那锅汤吗？

陈　数：不光是他拿着汤来，我就记得有那么几次，是因为的确拍得太晚，可第二天早上要起特别早，睡觉肯定是很少的了。我的助理因为也很辛苦，他们也是起得早睡得晚的，他就让他们都回去了，然后我在卸妆的时候，他就带着菜刀和案板，买好了肉就来了。

杨　澜：干吗来？

陈　数：因为做那个汤要把东西切好，特别是那个肉，他可能在广东生活过，知道怎么做汤比较好喝。他说肉不能做成肉片，最好把它剁开一点，这样煲出的汤会比较有味。因为那是个酒店，就一个小台子，他就拿个小木箱子坐在那儿剁肉馅，所以我还挺感动的。

李　艾：人家的手是拿来弹钢琴的，这还拿了一把菜刀来……

杨　澜：这准备工作做得多好啊。

李　艾：现在听起来你俩真的特别甜蜜，有没有什么相处之道可以教一下我和守镇？我俩都需要学习。比如说你会问他之前的情史吗？会把他之前有过什么样的女朋友之类的都一定要问清楚吗？

陈　数：没有，我一直觉得你要追究别人的历史那是没有完的，没有头的。你最好接受别人的历史，关键看他现在跟你在一起是什么样的状况，这才是一个成熟女子应该拥有的心态。

李　艾：所以他之前的一些状况你是……

陈　数：我知道，我知道他离过婚，这我都知道。而且我也很真诚地去接受他的孩子，我觉得这个是你必须要自己很真心地接受才可以，千万不要勉强，因为勉强会露馅儿，会爆发的，没有意义。

李　艾：那相处得好吗？你跟孩子相处得好吗？

陈　数：非常好，他跟我很好。

赵守镇：你是第一次跟他见面的时候就已经知道他的这种情况？

陈　数：我什么都知道，孙周导演对我不隐瞒的，所以我都知道。

李　艾：所以包括他为什么离婚，这些东西你都会问得很清楚？因为我有的朋友就是这样。

陈　数：我没有问太多细节，这个没有意义。

李　艾：所以你觉得这个其实是不必要的。这对女孩子算是一种劝告吗？

陈　数：我觉得还是让自己的眼睛去看比较好。其实大家也可能都知道，我认识他 15 天他就跟我求婚了，然后我拒绝了。虽然我喜欢这个男生，但是认识 15 天就谈这个问题好像太早了，我需要一点时间来了解他。我觉得这是我的一个性格吧，我觉得还是要有时间来了解对方，让自己来看比较好。因为有时候大家在一起相处会经历一些事情，遇事看人，特别是那种突发性的事情其实是蛮考验一个人的，那才是一个人真实的性情。

李　艾：我觉得陈数是真的心中有数。特别像赵胤胤也算是比较有名的一个艺术家，关于他的事情作为朋友有些时候都云里雾里的，我觉得你刚才说那句特别对，靠自己的眼睛去看，自己去判断这个男的是否真的合适，很多传言听起来真的没什么意义。你现在是公众人物，大家对你的了解也越来越多，但你的恋情如此透明，甚至还挺高调的，这会给你带来困扰吗？现在有困扰吗？

陈　数：我没有困扰，但是我不太希望我的行业的一些媒体过多去询问赵胤胤，其实我们从来没有刻意隐瞒，身边很多朋友也都知道。只不过有一天突然被人拍到的话就说陈数的恋情浮出水面之类的，对于这样的问题，我是有这样一个态度，与其躲躲藏藏，你不如正面应对。

杨　澜：我们一开始说陈数是一个什么样的女人呢，直率、妩媚等等，数了很多很多，其实我觉得很简单，她就是一个心里有数的女人。我们平时很多女孩子都是慌里慌张的，就是心里没数，自己要干什么，要找一个什么样的人来嫁，心里没数。你如果心里更有数、更有主意的话，我觉得你在各个方面都会做得更好。

张宁

金牌教练的职场压力——张宁

作为羽毛球项目的运动员、教练，张宁自然有一手绝活儿。然而来到现场后，却被主持人难倒。三位美女主持要求张宁测试自己的羽毛球天赋，面对睿智的杨澜、精怪的李艾、麻辣的守镇，张宁如何评说才能又客观又幽默呢？

编导手记

与“鸭梨”的较量

每天，我们都在和压力周旋，也许是工作目标，也许是生活计划，也许是感情因素，也有可能是阶段性的情绪干扰。总之，在异常忙碌的生活节奏中，我们不得不花大力气去与压力抗争，这让每个人原本疲惫的日子更雪上加霜。那我们在和“鸭梨”的周旋过程中，是否有什么抗衡之道呢？

运动，让每个女人更美丽

比球感——谁可以颠球最多；比准头——请现场一位观众当靶子，主持人分别将有张宁签名的羽毛球打向他。三位美女主持摩拳擦掌，轮番上阵，但却是无言的结局，观众前仰后合的爆笑可以让你猜到现场发生了什么。

与下属，也是一场较量

在国家队，教练有极高的权威性，但要是碰到任性、骄傲的队员她如何对付呢？（当然，这样的队员一般不会出现，除非李艾进了国家队）没想到面对精怪的李艾，张宁三言两语便让李艾失语。在职场上，我们面对重要场合或者关键时刻往往会因为紧张而失去自信，运动员在决赛前也是一样。且看张宁如何调教队员，让队员一笑忘紧张，拿出一副狠劲儿干掉“鸭梨”，完成任务。

颠球需要诀窍

杨　澜：今天我们请到的这一位嘉宾，我觉得是让人非常非常崇拜的一位人物，因为无论是她做运动员还是做教练的时候，我觉得她都代表了我们中国女性的风采。接下来我们掌声有请中国女子羽毛球队的单打主教练，张宁。

李　艾：身材真好。

杨　澜：你好。你们俩先比一下，比一下谁高。

李　艾：差不多高，因为我今天没穿高跟鞋，早知道她来我就穿高跟鞋了。

杨　澜：而且你们俩穿的都是紫色。

张　宁：看来我可以当模特了。

李　艾：可以。

杨　澜：绝对的。

李　艾：而且她虽然瘦，但是她不是那种骨瘦如柴的。

杨　澜：对，对。

张　宁：这是因为我们经常打羽毛球。

杨　澜：这也真的是证明了国家羽毛球队，俊男靓女特别集中。

张　宁：就是因为打了羽毛球，女的会变靓，男的会变帅。

李　艾：你觉得我们 3 个人，谁比较适合打羽毛球？谁打羽毛球更能出成绩？

杨　澜：出成绩咱就别说了，我已经太老了。

张　宁：不分年龄大小，都可以参与羽毛球的，而且也不分胖瘦。

杨　澜：真的？

张　宁：因为有不同的项目，比如说李艾吧，可以在我的手下练单打。

杨　澜：她可以打单打？

张　宁：对。

杨　澜：为什么呢？

李　艾：因为我有王者气派，这个场地都是我的。

张　宁：对。像杨澜姐就是单打双打都可以。

杨　澜：天哪，我信心满满。你觉得守镇她……

赵守镇：我可以捡球。

张　宁：她适合双打，因为双打运动员需要力量型的。

杨　澜：双打为什么反而是需要力量？

张　宁：因为它需要一些重杀的力量，可能需要一些实力型的。

杨　澜：我们这里还准备了球拍呢，你刚才只是从我们的外形上简单判断一下，有没有什么方法来看看我们入门的水平怎样？

张　宁：李艾的姿势就很像。

杨　澜：真的，你可以示范一下。她怎么了？她怎么就像？

张　宁：她一拿就是那种姿势，而且就是来者不拒的感觉。

杨　澜：真的吗？比如说人家给你递上球拍，通常你有什么下意识的习惯动作吗？

张　宁：这个就是我的武器，就是这样的姿态。

李　艾：我先掂量一下试试。

杨　澜：你别光拿这个球拍做样子，你颠颠这个球试试。

李　艾：那我怎么试啊？咱们有什么方式可以测试一下吗？

杨　澜：就是你看看她有没有羽毛球天赋？

张　宁：这样，从最基础的开始。我们练羽毛球最开始就是颠球，看你能颠多少个。

杨　澜：来，守镇先来，要不你们俩一块儿吧？

李　艾：场地有限，守镇先来吧。

杨　澜：好，开始，别打到屋顶上。

李　艾：小心我们的摄像机啊。

杨　澜：一、二、三、四、五、六、七。

李　艾：可以啊，守镇。

杨　澜：八、九、十、十一。

赵守镇：谢谢大家的掌声。

李　艾：我有压力了。

张　宁：来，单打，单打。

李　艾：把场地给我让开。

杨　澜：我可得离你远点。一、二、三……十三。

李　艾：再下去就没完了，这期节目还录不录啊。

杨　澜：天哪，太骄傲了，太骄傲了。我还要试吗？

李　艾：试，试。

杨　澜：我发现她们刚才都颠得太高了。

李　艾：我跟你说低了才不好颠呢。

杨　澜：真的？一、二、三，啊……

李　艾：看吧，低了不好颠。

张　宁：其实这方面有个诀窍，要颠高一点。

杨　澜：要颠高一点？

张　宁：颠高一点就会颠很多。那再考验考验大家。

杨　澜：再考验什么？

张　宁：刚才大家表现都不错。这次看看准确率，哪位观众举手配合一下？就是接打向自己的羽毛球。

杨　澜：举手的太多了。选一个，打给那个男士吧，就是中间那排戴眼镜穿红衣服的那位。

张　宁：你得往前站一点才能打到。

杨　澜：还得往前点。我主要是没什么水平，这位观众你准备好了吗？

张　宁：为了安全起见，旁边的人都躲一躲。

赵守镇：没关系，别紧张啊。一、二、三，加油。

杨　澜：完了，完了，球都没发出去，说明我在这方面毫无潜力。

赵守镇：我来吧。

杨　澜：来，守镇，还打向他。

李　艾：赵守镇，给我们争点气啊。

赵守镇：还好，还好，打出去了。

李　艾：我觉得最后一个让张宁来，这上面写的是张宁的签名呢，我们来看看张宁的准确度。

赵守镇：还是给那位先生？

杨　澜：对。

张　宁：好，我来试试。

李　艾：很准的，直接就到他那儿了。

杨　澜：好，我们把掌声送给张宁。

做好教练很难

杨　澜：刚刚当教练就把尤伯杯给丢了，压力还挺大吧？

张　宁：对，所以要感谢支持我的人，也要感谢那些质疑的人，因为质疑让我觉得更有一些当教练的压力，我还要努力地去学。

李　艾：哭了吗？

张　宁：没哭，我得坚强，必须坚强。

李　艾：那个时候你就忍住没哭，但你的队友哭了吗？

杨　澜：队员。

李　艾：对，应该叫队员了。

张　宁：他们上台领奖的时候，都会有不好的情绪，因为没有拿到冠军。比赛完当天，情绪都不好。然后我们的老教练就说，记得去安慰一下队员，我突然想到我是教练了，我不可以任由我的情绪传染给他们。回到房间以后，我就赶快给每个人都打电话去安慰她们。有些队员还比较镇定，有些队员就一直很伤心地哭，然后搞得我也要忍不住哭了，我就匆忙安慰几句话，赶快挂掉电话，不要让她们看到教练也有这样的情绪。

杨　澜：挂完电话就哭了？

张　宁：然后我自己也受不了了。

赵守镇：那这时候谁安慰你呢？

杨　澜：只能自己安慰自己了。

张　宁：那个时候，我们的两个老教练特别好，打电话来说别不开心了，晚上我们俩请你吃饭吧，就是两个老教练安慰了我。后来我跟唐学华教练聊天，因为我一直以来也是他的队员，我跟他讲，我也是刚从队员角色转换过来，还没有适应教练角色，我说你们安慰我一下吧。

李　艾：那除了有时候想冲上去帮她们打球的那个冲动外，如果我是你的话，我肯定还有在领奖的时候想冲上去帮她们领奖的感觉。因为以前那个台子是你熟悉的台子啊。

张　宁：我真的当了教练，第一次感受到是在2010年的苏迪曼杯上，真的是突然感觉到那个领奖台我上不去了，永远也不会再站在那个领奖台上，因为作为教练你不可能上去领奖。真的，那个时候特别失落。但是也马上反应过来，就是队员上去也是一样，你要为她们高兴，等于说她们延续着你的运动生命。那我觉得马上能把心态转变过来，没问题，只要她们都能站在冠军的领奖台上就可以了。

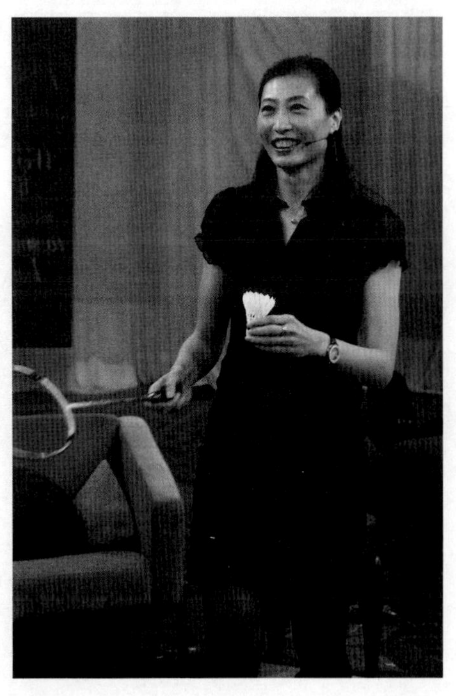

李　艾：据说很多状况

是在打比赛的时候出现的，比如说打着打着就没信心了。

杨　澜：对。那个时候你跟你的队员有没有一种比较默契的交流方式？就是我们怎么看都看不出来，对手更不能看出来的那种。

张　宁：比如说有些队员可能出现几个失误，她希望我更多去鼓励和安慰她，那我就告诉她静下心，不要着急。失误多，她肯定是因为想得分嘛，那我就告诉她不要急。然后会有一些时候，她遇到一些困难，我会告诉她不要急躁，冷静地去想一想，自己要静心。其实这个时候很关键，因为你遇到困难的时候，都会出现不知道怎么办的情况。

杨　澜：那在运动员面前，你这个教练是什么范儿的？你是那种比较慈祥像大姐那样的，还是那种特别酷的板着脸的那种？

张　宁：有时候训练当中，比如说她们已经很累了，我又安排一个训练内容，假如说是二一式的训练。二一式就是你一个人在这面，两个人在那一面，最主要就是加强对抗。如果一对一的时候，你可能打败她的时候会比较多，那两个人的时候你的机会就很小。这时候出线拍数就比较多，运动员的消耗也更大，这些方面对于她们来说，包括对我当时训练的时候来说，都是很困难的一个训练内容。她们有时候遇到身体特别不好，或者今天情绪上不想练，突然安排这个训练就会有抵触心理，或者练不好她会发火什么的。

杨　澜：你也发火啊！

张　宁：当队员练不好的时候我就发火了。

杨　澜：是不是都以摔拍子为信号？

张　宁：不会。你可以摔，但摔完你就要受惩罚。

杨　澜：什么惩罚？

张　宁：你把拍子摔坏了，当然要赔偿了。

杨　澜：这一个拍子要是摔坏了得罚多少钱？

张　宁：那看你的态度了。

李　艾：不是看拍子的价值？

张　宁：对。

杨　澜：最多能罚多少啊？比如说又摔了拍子，态度还不好的？

张　宁：那就重罚。

赵守镇：都说教练跟运动员虽然很亲密，都互相关心，但还是应该有一点距离感。

杨　澜：还是要有点权威性的对不对？

张　宁：在训练场上必须要有。其实她在真正比赛场上遇到困难的时候，我就不需要去说什么了，我可能更多是鼓励，但是平时训练的时候，我必须要你去克服这个困难。

杨　澜：你能拿出你最凶的样子吗？

李　艾：对。你会发火吗？

张　宁：我会发火。

杨　澜：就假装我们仨都不好好练，我们特别懒散。

张　宁：就你们这样，你们仨都不好好练，我也发不起来火。真的，火发不起来。

杨　澜：你最严厉的一次到什么程度？能把她们镇住？

李　艾：会把她们吓哭吗？

张　宁：在场上队员不理解我的这个训练方法，然后她也不好好练时，我就火了。

李　艾：你火了会做什么？然后你会说什么？

张　宁：我就说她，我就大声说她。

李　艾：都说什么了？

张　宁：我就会说你怎么回事，她说我不想练，我说为什么不想练，然后她会说这个没法练，练不下去。我口气会比现在这个严厉一点。我说你知道练的目的是什么吗，她说我就不想练。然后我发火了，我说那你就别练了，下来吧。真的没有让她训练，就让她坐那儿好好思考。其实这个时候你让她去练，练了也是白练，因为她心里有抵触的情绪。最开始我说你别练了，就让她下来了，但是后来我觉得不行，你必须要去克服。然后我就让她又重新上来了，她还是带着很大的情绪，但她在练，她并没有摔拍子不练，练到最后也完成了我这个训练内容。训练课练完了，我们俩坐在一起真正去沟通的时候，就都谈开了。她也跟我说那个时候，两个人在对面，自己就是打不过对方。我说我的思想就是，你能够在两个人当中找到漏洞，那么你打一个人的时候就会很简单了，就会有思路。她的意思是俩人我就打不了，我说那如果你遇到很强的对手，你打不过对方的时候，就等于说你在打两个人，所以你必须要有这样一个思想的转换，所以她慢慢也理解了。然后后面我们再有队员也是不接受这样的训练方法的时候，我说你先不要跟我说，你先去问问她怎样去理解这个问题，然后你再来跟我说喜不喜欢练这个。

杨　澜：我们再设计点其他的环节来考一下，看看张教练怎样做队员工作，过去叫思想工作，现在叫情绪的调整。

李　艾：你想给我安排战术，我不听你的，我现在就不听你的。你虽然曾经拿过两次奥运冠军，但我是一颗冉冉升起的新星，现在国家队靠我了。

张　宁：但是没有这支队伍，你不可能是这样的。

李　艾：好像也是啊。

张　宁：你取得的所有成绩都是这支队伍所有人陪你训练，所有人扶持你，你才成长的。

杨　澜：所以你傲什么傲？

李　艾：我突然没词了。

赵守镇：就这么简单啊！

张　宁：我们队员没有这样的。只是她会有一些情绪，或者练得不好的时候不高兴。这个时候我会先问她，你的身体情况怎么样。如果她觉得某个地方很疼，那我们可以换别的项目来练，如果她说很烦，我就是不想练，思想不集中，那我会说今天我们练这个项目的目的就是让你把这个难关过了。你在场上遇到困难，现在你必须要自己去解决。我们在比赛场上都会遇到这样的情况，对手打到你很别扭，你怎么打都不会很舒服，你想打的战术和技术，对手都不让你发挥，这个时候就是锻炼你去解决困难的时候。所以我会这样开导她，如果她情绪再不好，还可以再慢慢去跟她说。

李　艾：你说的是平时训练，万一在比赛前……

张　宁：所以就是因为在训练的时候，我们必须要把这些练到位，在比赛的时候才会有化解的办法。

杨　澜：那比赛前还有一种状况，就是压力特别大。

张　宁：其实我们也是希望运动员能够把她紧张的想法说出来，有些队员是不说出来的，她自己去扛，她也不一定是扛，她不敢说或者是不愿意说。一般有些人不愿意说自己软弱的那一面，有的时候你问紧张吗，她会说不紧张，她不愿意说。其实如果说出来会更好。我们教练经常会跟她们讲，比如说你紧张，其实对方也紧张，你知道对方的脚也不好，她的腰也不好。

杨　澜：真是这样啊？

张　宁：对，你要把自己的信心提起来，你这个时候就要觉得我什么都比她们强。对方可能给我们什么样的困难，这些东西我们会想很多很多，做很多很多的准备，但是信心上必须要战胜对手。

杨　澜：我觉得教练也需要特别敏感，咱们羽毛球队中队员谈恋爱还是闻名遐迩的，其实我听说好像是不允许的。

张　宁：就是不允许。

杨　澜：那他们怎么还谈呢？那不允许的话，但是他们又偷着谈，你能够发现吗？

张　宁：各个渠道上可以发现，而且作为教练你必须要去发现，知道她们的思想变化。

李　艾：连这个你都管啊？

张　宁：年龄小的你当然要管，因为她们在成长发育期，父母都不在身边，其实我看着是年龄比她们大不了几岁的感觉，但是作为一个教练，作为一个老大姐，在这个时候你需要给她们一个好的引导。

杨　澜：所以你就像妈妈的那种感觉是吗？

李　艾：那你怎么引导？说那男的不靠谱儿？

杨　澜：挺好的小伙子，怎么不靠谱儿了？

李　艾：那怎么引导呢？说等你长大了会有更好的？

杨　澜：人家说我已经22岁了。

张　宁：首先要告诉她你来这里的目的，你要完成你自己的心愿，那么最好就是全身心投入到训练和比赛当中。

李　艾：她可能会举现在非常有名的羽毛球男队的冠军的例子，你看人家谈着恋爱也照样拿冠军，你看林丹也照样谈恋爱，照样拿冠军。

张　宁：他们都是在成绩很好了以后才这样。对我个人来说，如果你的成绩可以，你稳定在你自己定的目标上，不耽误正常训练的话也可以。

李　艾：算是很开明的教练。

杨　澜：先拿世界冠军，然后才有资格谈恋爱。

李　艾：为了谈恋爱，我也得拿世界冠军。

运动员也是爱美的

杨　澜：张宁也是很爱美的，拍了不少写真。刚才屏幕上那件黑色蕾丝的衣服布料用得比较节省，他们让你穿成那样，你就穿成那样了？

李　艾：是你自己喜欢吗？

杨　澜：对，还是你喜欢那样的？

张　宁：我前面是拍的两套白色的，后来我自己看的时候都觉得性感，但是那个时候自己都会感觉很漂亮。这一套黑色蕾丝的是当时我已经拍完所有的照片以后，突然我看见有个人穿着这套还不错，我也穿着照了一下。

杨　澜：你太牛了。

李　艾：那绝对是对自己的身材……

杨　澜：绝对自信了，这太有自信了。而且我跟你说，你肯定在当运动员的时候，永远都没有这种表情和表达这种心情的方式。

赵守镇：没想到可以有这样的效果。

张　宁：照每套照片的时候我都喜欢笑，带着笑容会更美。然后拍黑色蕾丝这一套的时候，人家告诉我，不要笑，你要酷一点，我反而不知道怎么照了。

杨　澜：照得很好啊，你真的还挺爱美的。是你自己要求去拍艺术照的吗？

张　宁：对。

李　艾：这些造型什么的，你都有参与到这个设计当中？

张　宁：没有，都是他们来设计的，只是这套衣服是我自己选的，很大胆的。

赵守镇：你是比较特别的运动员吗？因为好多运动员拍这种照片会有点害羞。

张　宁：其实我觉得，我能拿到好的成绩就是因为敢去释放自己。有一句话就是，艺高人胆大，胆大艺更高。其实那个时候，如果你更放得开，在场上你不把所有人放在眼里，然后全身心地比赛，我觉得那样会更好。曾经有一个老教练，在我最开始来国家队的时候，他告诉我，在场下你做个老实人，在场上你要做个坏人，那个时候，你要有杀气，有霸气。

杨　澜：野性？

张　宁：对。

李　艾：就是心里要有那种精气神在。

杨　澜：对，要豁得出去。

张　宁：如果你这样忘我，你会一直赢下去。

李　艾：所以这种拍艺术照的方式，也是自我释放的一种方式吗？

张　宁：对，它还会展现自己的美，然后你不会拘束自己。

杨　澜：而且看了刚才那些照片，我觉得那是广大女性参加羽毛球运动的最好的广告。

李　艾：真的。

杨　澜：多漂亮啊！

赵守镇：现在你的运动量可能没有以前那么多了吧，那怎么保持身材？

李　艾：很多运动员退役以后，身材就跟吹气球似的……

赵守镇：像我，像我。

李　艾：你看她。

赵守镇：我两年半以前是魔鬼身材。

李　艾：她现在是被魔鬼诅咒了的身材。

赵守镇：对，会变得懒一些。我也带队，我也教她们，但是用嘴教，我自己不动，然后就这样了，变成气球了。你是怎么保养自己的？

张　宁：因为现在整天都是看着她们训练，有时候训完以后也很痒痒，特别想上场打一打，但队员都是刚练完也很累了，就不好意思再叫她们来陪我打。然后有时候自己去跑跑步，做腹肌的训练。保持腹肌，这个是从我当运动员的时候，教练不用安排，我都练得最认真的一项，因为希望把这块肌肉练好。

李　艾：女孩也要在乎这个的。

杨　澜：是仰卧起坐吗？

张　宁：对，有各种方法，很多，就是要把这块练好。当我退役的时候，别人说你两年以后肯定就长胖了，我就特意去克制自己，就是一方面要锻炼，另一方面要少吃。

李　艾：你真的可以当模特了，你没有想过吗？

张　宁：现在想有点老了，那个时候就想着当运动员拿冠军呢。

李　艾：那你有没有偷偷练过呢？什么模特步走一走，又喜欢穿高跟鞋。

张　宁：我们曾经走过时装秀，请过专业老师教我们。

张　宁：我曾经看过模特比赛，她们的腰真的很细的。

杨　澜：张宁的就很好看。

张　宁：那些模特两手放腰上一抟，腰就显得很细。

杨　澜：她们是饿的。

张　宁：我这一抟，差太多了。

杨　澜：你这是健康美。但是生活其实是方方面面的，在球场上能够得冠军，生活中也会有一些琐事需要去操心。除了帮着队员操心，自己的事也得操心，比如说装修。最近张宁正在装修，突然发现装修把她难倒了，很多女性朋友都会遇到装修，你觉得最困难的是什么呢？

张　宁：因为我要训练队员，要去比赛，在北京的时间很少很少。然后回来的这几天，又要选家电，还要选厨房的炉灶橱柜。因为有些东西人家可以帮你设计，但是这些东西，你必须要亲自去选，墙纸、沙发、床之类的，我就感觉好难。

李　艾：我跟你说，一步一步来。

张　宁：因为选择太多，这个也好看，那个也好看。

李　艾：像我家，我搬进去一年了吧，我还在装修呢。我跟你的情况一样，因为我经常要出差没时间。后来一个朋友给我的建议非常好。先把基础的给弄好了，就是你能先住进去，有张床，有个沙发，电视柜你都可以稍后再买，电视能放就先放那儿。你慢慢看，你会知道，你希望你的家里是什么样的，如果一下子全堆进去，你会发现买了很多，但不见得都那么喜欢。

杨　澜：这个主意挺好的，但是墙纸起码得弄好。

张　宁：对，这个我也有感触。刚开始我真的什么都不知道，因为我对这个没有概念，让我去选，我说我也不知道，我就感觉哪个都好看。这两天经常看，我看多了以后，就觉得原来这个灯也很好，这个灯适合我们家，那个灯好看，但不一定适合。慢慢就会有像你说的这种感受。

李　艾：已经装修多长时间了？

张　宁：现在有 3 个多月了吧。

杨　澜：才刚刚拉开序幕。

张　宁：我就是感觉，先装好了，能住进去就行。

李　艾：你家什么风格啊？

张　宁：比较简约的，我不太喜欢特别复杂。

李　艾：这个最难。

杨　澜：对，简约其实是最难的。

张　宁：对，我不太喜欢一些欧式的，然后还有很古老的颜色，我不是很喜欢。

李　艾：你慢慢会发现你家一点都不简单，一点都不简约，因为那是最难把握的一种风格。

杨　澜：说起来非常惭愧，我现在想起来我的卧室里，最重要的一个摆设就是行李箱。每一次回来，然后把东西拿出来以后，想着过几天又要往里面装东西，就懒得把那个行李箱搁到储藏间里去，所以就放在卧室的地板上。

李　艾：我的搁在玄关，我一进门就能看到行李箱。

赵守镇：那你的行李箱里都带什么？是不是缺不了面膜之类的，就是那些美容方面的？

张　宁：这是必带的。

李　艾：真的？

张　宁：对。

李　艾：你平时一个星期去做一次美容吗？

张　宁：对，在北京的时候我都会去做，如果真的没有时间，我就会在房间敷点面膜。

杨　澜：如果正好这个时候，有一个队员来向你汇报思想，一进门，啊？

张　宁：有时候会碰到的。

杨　澜：真的？

张　宁：对。

李　艾：那挺逗的，这种情况你怎么办？你的那种威严……

张　宁：那就不会继续谈了，只是说等一下，我弄好了再谈。

杨　澜：我有一次在家里敷面膜的时候，我突然听到了我老公进门的声音，然后我就大喊一声，我在敷面膜不要害怕。因为我觉得冷不丁突然看见一个女人在那儿敷面膜，真的会受到惊吓。

李　艾：是吗？

杨　澜：会，会。

李　艾：我敷面膜的时候特别讨厌看喜剧片，因为你的面膜渣子就会往下掉，可烦人了。

张　宁：也不能看悲剧片。

李　艾：对。

张　宁：一哭就白敷了。

李　艾：对，所以敷面膜的最好方式就是一个人静静待着。

张　宁：对。

杨　澜：所以就希望张宁总是这样美美的，看到你的这种状态，我们每个人都特别高兴。好，我们再次把掌声送给张宁，谢谢你来到我们的节目。

蒋雯丽、孙淳、杨紫

当幸福来敲门——蒋雯丽、孙淳、杨紫

孙淳为人低调，痴迷于表演但却从不滥接剧本。而蒋雯丽更有绰号——百变女郎，其所塑造的每一个人物形象都深受观众喜爱。《家有儿女》让观众认识了杨紫，古灵精怪的她在与蒋雯丽、孙淳合作的《幸福来敲门》中又成功演绎了半熟女“宋征”。

编导手记

说起业内实力派演员，必有孙淳和蒋雯丽的一席之地。

两人在《好想好想谈恋爱》后二度合作，和《家有儿女》中古灵精怪的杨紫一起演绎《幸福来敲门》，回首上世纪80年代，那一段岁月中关于亲情和爱情的无奈选择。

无论是剧中，还是剧外，他们的故事丰富多彩，他们的感悟诚恳真挚。

幸福真的来敲门了

杨　澜：最近我发现“幸福”这个词满天飞，包括央视也播出了大戏《幸福来敲门》，而且很多地方大家都在谈论幸福。好，我们掌声有请今天的3位嘉宾，也就是《幸福来敲门》的3位主演，蒋雯丽、孙淳和杨紫。

李　艾：我看了一些片段，包括我家人看这个戏时我也会看几眼。我觉得叫《幸福来敲门》不对，我看了就是“不幸来敲门”的感觉，有很多家庭战争在里面。

杨　澜：孙淳，你去演这么一个有点窝囊的人干吗啊？这角色为什么打动你？你对角色还是挺挑剔的。

孙　淳：是这样的，当时我在拍另外一部戏。在拍戏的过程中，制作人就给我打电话了，当然这件事追溯的话，是2009年年底了。说有这么一部戏，根据严歌苓的小说改编的，但是剧本还没有改编完，只有10集，你的搭档是蒋雯丽。我说我看一下剧本吧。

蒋雯丽：还是要看剧本的。

孙　淳：然后就打开剧本，实际上晚上那个时间不是看剧本的时间，我因为白天拍戏拍完了之后，晚上我上床就想看一眼，这一看就看了10集。作为一个演员来讲，什么是你接戏的动力，我觉得这是非常重要的一点。当你打开剧本之后，欲罢不能。我相信那天晚上如果给我20集的话，我也会一口气看到20集。

杨　澜：你会看完？

孙　淳：是的，再一个因为蒋老师也在。

杨　澜：那杨紫呢？杨紫当时在上学，对不对？

杨　紫：对，其实当时我正在高考，北京电影学院的艺考已经过了，剩下就是文化课了。大概6月份的时候，其实当时剧组的演员基本上定了，就宋征的这个角色还没有定。导演就是一直没有找到合适的人选，然后当时导演说，他想看看我现在长什么样了。然后我就过去了。

杨　澜：长得越来越漂亮了。

杨　紫：因为当时我在高考，记得高考当天考完，下午我就去剧组报道了，所以我没有时间去看剧本。我就是高考复习的那两天，晚上睡觉前把剧本看完的。

杨　澜：真的呀？那你高考还考那么好，太有本事了。当你决定参加这个戏的演出时，是不是收到通知书了？

杨　紫：我是在拍这个戏的过程当中，就一直等着北电的录取通知书，然后就在刚拍完那场喊“爸，我恨你”的戏后，我爸给我打了个电话。

杨　澜：就真的爸打的？

杨　紫：真爸给我打电话说，闺女，通知书到家了，放心吧。

杨　澜：太棒了。

李　艾：所以戏的名字跟你当时的心情太符合了。

杨　紫：对，对，当时真的感觉是“幸福来敲门”。

杨　澜：拍这个戏的时候，有些什么样的花絮跟我们分享一下，我看到有一个采访，中间有一些情感戏呀，包括在床上的戏呀，屋子里的人不少是吧？

李　艾：比平时都多吧，换了我我也要进去看。我主要是想学习学习。

蒋雯丽：杨紫就抱着这个态度，拍完戏也不走，就在那儿学习。

孙　淳：但是演员挺高兴的。

李　艾：那导演有没有故意不喊卡？

蒋雯丽：我们导演经常不喊卡。

李　艾：就让你们往下演。

蒋雯丽：我们开始不知道，就以为是往下演，后来发现导演也喜欢看。

两代人，各有各的爱情观

杨　澜：但是我觉得说上世纪 80 年代的一些事，今天的人还这么爱看，还挺有意思的。杨紫，你应该算 90 后了，你看上世纪 80 年代的人那种谈恋爱的方式，你会觉得好奇吗？

杨　紫：会啊，那时好像男女生他们都不相互说话，比如初中高中，就别说早恋了，可能说一句话都怕老师看见。可是像我们，基本上从小学吧，初中……

杨　澜：小学？

杨　紫：不是，不是。我是说小学的时候，男女生就没有因为害羞不跟你说话的，大家都是一起玩，包括现在上大学，大家都是好哥们儿的那种。可能在上世纪 70 年代甚至 80 年代，这种现象都没有的。

杨　澜：孙淳在这方面开窍比较早，我知道。

李　艾：真的，一看他的经历我们都慌了。

杨　澜：需要给大家介绍一下背景资料吗？

李　艾：可以介绍一下。孙淳老师是在 22 岁的时候就开始谈恋爱，那时候……

孙　淳：比这还早。那时候中国传统文化里面的男女之间，就像杨紫说的，他们是从小就没什么界限，很自然地去说话。我记得我成长的时候，男女之间是男孩总是跟男孩在一起，女孩总是跟女孩在一起。坐在课桌旁，弄一条线，你不能过来，你过来我要打你，就属于这样。我上世纪 80 年代初就进了上海电影学院了，实际上那时候学校已经明确规定，学生在那儿是不能谈恋爱的。

杨　澜：如果谈了有什么样的处罚呢？

孙　淳：我和我太太是第一对。

杨　澜：开风气之先。

孙　淳：是，开风气之先，就像张之洞的文章一样。

李　艾：然后呢？

孙　淳：后来同学就讲，说你们俩真牛。明着这么跟你们说了之后你们还谈，在路上走的时候还相互牵着手走。那时候好像跟学校宣言，意思是你看我就这样。其实我觉得，当时对于男女之间的这种关系，学校里是非常严格的。

李　艾：现在大学里都可以结婚了。

孙　淳：是啊。

杨　澜：那时候好像要开除的吧？

孙　淳：要开除，要开除的。我记得当时有一个老师，我感觉他特别好。他说你知道我为什么叫你来吗，我说我知道，是因为我和莉莉的事，我说我比她大几岁，如果出了什么事的话，我肯定会负责。他马上就说你知道这个就行了，咱今天不谈了。我觉得这个老师很棒，只是他是老师，他不得不履行自己的职责。

杨　澜：孙老师还没有说谈恋爱的时候多大了。

孙　淳：二十一二吧。

李　艾：你太太当时多大？

孙　淳：当时我们班最大的跟最小的相差 10 岁，我的年龄是中偏下，她当时 17 岁。

李　艾：杨紫，你也惊讶了是吗？

杨　紫：未成年啊。

赵守镇：一般韩国人管这种男人叫小偷。

杨　澜：什么意思？

赵守镇：就是什么都不懂的女孩子被忽悠了，就叫这种男人小偷。

杨　澜：他是什么都不懂的男孩子。

赵守镇：应该懂。

孙　淳：真玷污我们纯洁的爱。

李　艾：那也就是说，你们好浪漫，你们是初恋然后就结婚了，一直到现在？

孙　淳：是。

李　艾：也没有试试看其他的女孩，会不会觉得有点亏了？

孙　淳：遗憾是吗？要不然回家找她商量商量，然后再考虑考虑？

杨　澜：雯丽，说说你上大学要谈恋爱的时候会有这种压力吗？

蒋雯丽：那时候也是上学的时候不让谈恋爱。

杨　澜：你也勇敢地拉人家的手就出去了？

蒋雯丽：我没有那么勇敢，没有莉莉姐那么勇敢。

李　艾：但是好像你读大学的时候，是顾老师在追求你吧？刚开始谈恋爱的时候，肯定是他先向你表白的吧？

蒋雯丽：那是，是他追求我的。

孙　淳：蒋老师大点声，我听不太清楚。

杨　澜：其实说到上世纪80年代或者90年代那个时候，家家户户那个物质条件的积累，也是让人想起来就觉得挺有意思的。家里有了收音机，后来有了黑白电视机，有一次我妈妈回来拿了一个彩色的透明的塑料片，红的，蓝的，绿的，就把那个片放在黑白电视机前一贴，说我们家有彩色电视了。

孙　淳：这细节都忘了，现在想起来了。

杨　澜：这特别有意思。

孙　淳：我记得那时候刚刚进学院，"四人帮"之前呢，8个样板戏，就那几个电影，歌曲几乎全是革命歌曲。我记得我在戏剧学院那会儿，有一次吃饭，美术系的一个老师说孙淳你中午有事吗，我说没事啊。他说那你中午到我宿舍来一下。我觉得他好像有话跟我说，吃完饭我就去了，他拿出4个喇叭的录音机往那儿一放。

杨　澜：哎哟，奢侈品啊。

孙　淳：我说，李老师，这是录音机吗？他说对，我告诉你，4500。

杨　澜：这都记得呢。

孙　淳：我都记得，我记得特别清楚。然后我说你是让我来看你的机器吗？他说不是，是这个机器要放出一首歌来，你听听还有这样的歌声。那是我第一次听邓丽君的歌。

李　艾：哦，邓丽君。

孙　淳：那歌一出来我就晕了。

杨　澜：哪首歌？《甜蜜蜜》？

孙　淳：出来我就晕了。因为在这之前你听到的全是革命歌曲，全是很硬气的歌曲，忽然出来一个“又见炊烟升起”，你就觉得还有这样的歌啊。

李　艾：杨紫，你在旁边听了有什么感觉？你难以想象那样的生活吧？

杨　澜：对啊，你觉得今天还有什么样的过程是需要经历的呢？

杨　紫：我觉得今天的小孩就是太幸福了。

李　艾：好像你有多大似的。

杨　紫：我有时还会因为什么事烦心，觉得自己不幸福，可是一想到那个年代，那我们太幸福了。因为我们从出生开始，家里什么都有了。

杨　澜：你会不会觉得某种程度上也被剥夺了一个过程？

杨　紫：可能是，我拍上世纪 80 年代的戏，觉得那种感觉跟现在

不一样了，就是小孩子成长过程中，比如老北京城里，大家天天翻墙啊，天天拿棍儿打仗那种，可能到现在已经很少能看见了。

蒋雯丽：大概在1994年的时候，我拍过一个中日合拍的电视剧《大地之子》。1994年，中国还是比较落后的。男主角是日本演员，后来我们就聊了起来。我就说，你对我们中国女孩子有什么看法？跟你们日本有什么区别？他说我觉得你们都特别有理想。我说你们难道没有理想吗？他说我们一生下来，我们的生活全部被安排好了，你的路也全部被爸爸妈妈安排好了，你得赶紧跟上这个社会的步伐，你生怕跟不上，没时间让你去幻想，去梦想，去理想了。那是上世纪90年代的时候，他跟我说的这些话。那刚才杨紫说这个话我就想到，其实现在的孩子，可能跟他那时候差不多，生下来就要追这个时代的步伐，没时间再去……

杨　澜：主要是追各种时尚的步伐。一会儿iPhone，一会儿又iPad。

孙　淳：所以上世纪80年代那个时候，真要谈一段恋爱的话，我觉得那时候的爱情没有现在这么物化，没有物化的东西的时候，这个爱就是纯精神上的。我记得上次采访说过这个问题，比如两个人交谈说，“你愿意嫁给我吗？”“我为什么要嫁给你？”“我肯定给你美好的未来。”这段对话拿到现在，肯定会是这样，“我为什么要嫁给你？”“我给你一个未来。”“具体一点。”

杨　澜：但这是不是也是一种我们对过去浪漫化的倾向，我觉得这也是对现代女孩子的一种不敬吧，肯定不是所有的女孩子都是这样的。杨紫，你觉得是吗？

杨　紫：大家可能觉得90后的小朋友很花心什么的，其实我身边很多同学都有四五年的感情了。当然如大家说的，每个年代都有，但是最起码我看到我身边的一些姐妹，我生活的这个圈子里，我觉得大家都很真实。

杨　澜：人家也挺理想主义的，人家也为了真爱去谈的。

杨　紫：对，对。

孙　淳：说这话好像你年龄很大一样。

杨　澜：一般一二十岁的时候都觉得自己年龄比较大了。

杨　紫：只是我在为90后解释一下而已。

杨　澜：鼓励一下。

李　艾：你谈恋爱了吗，杨紫？

杨　紫：没有，没有。这真没有。

李　艾：我问一个可能特别土的问题，因为现在男孩追求女孩已经不写信了，那你们都怎么做？有男生向你表白吗？

杨　紫：每个女孩成长中肯定都有啊。

李　艾：那现在都怎么表白呢？

杨　紫：一般都是发短信。

李　艾：是，也是信的另外一种形式。都怎么说呢？

杨　紫：这个……

李　艾：现在90后追求时都怎么说呢？

杨　紫：我不知道其他的。

李　艾：就你的。

杨　紫：据我了解就是问，你是不是某班的，我是谁谁谁，我挺欣赏你的，可不可以做个朋友？男孩也会很绅士，不会说我喜欢你，做我女朋友吧。

李　艾：那现在呢？现在做朋友会是什么样的举动？

杨　紫：可能男生就会请女生出来吃顿饭，也有可能就是，问你要不要出来一块儿玩。

孙　淳：就很坦诚？

杨　紫：对，对，很坦诚。

杨　澜：其实人家很大方，大大方方的。

杨　紫：其实像食堂打饭，就我们班下了课呼啦啦30多个人一块儿去食堂，这一张桌子边上全是我们班的。

杨　澜：这不容易表明自己的身份。

蒋雯丽：还没到时候。

爱人，总是老的好

杨　澜：雯丽这些年演的戏，我觉得都跟婚姻挺有关系的，比如《中国式离婚》，然后又跟国立演《金婚》。到《金婚》的时候，你觉得那部戏自己在情感和婚姻上有什么感悟吗？

蒋雯丽：因为《金婚》基本上写的就是我父母那一代，我演《金婚》时我就看着我的父母。他们一辈子走过来，我心里就觉得真的是很像文丽和佟志那样，20 多岁，30 多岁，他们也是这样自由恋爱，很浪漫的。其实到 40 多岁的中年阶段，上有老，下有小，那个时候压力是最大的，所以就打打闹闹，经常吵架，我当时就在想他们为什么不分开。然后真的到了现在他们已经 70 多岁了，那真的是谁也离不开谁，相濡以沫成老伴了，睡觉都一定要睡在一间房子里。为什么呢？怕对方晚上万一有事情，自己能够听到，能够照顾得到，我觉得谁都离不开谁，特别好。我就看着他们这一生，这就是一个过程，人生的过程。我昨天还跟我的朋友在聊，大家总想找到最合适的人，其实这个最合适的人是不存在的，实际上是你要做一个合适的人，怎么样调整自己来适合家庭，适合对方。

杨　澜：哇，振聋发聩吧。

李　艾：说实话，我记得雯丽姐的《中国式离婚》那部戏播出的时候我还比较年轻，没有那么多的感受，我只是觉得戏里那个女人实在太抓狂了，但是现在回想《中国式离婚》中你演的那个妻子的角色，我反而能够理解她很多的疯狂的行为。

杨　澜：有点偏执的那样子。

李　艾：有些时候真的是男人逼的。

杨　澜：我们这个地方主要是给女人申冤用的。

孙　淳：李艾虽然没有结婚，但是说话好像是有过婚姻的样子。

蒋雯丽：这个剧本王海鸰老师当时写完第一稿就给我看了。

杨　澜：你一晚上看完的？

蒋雯丽：我一晚上就看完了。她说特别想听听我的意见，因为我是第一个女读者。她说她创作的时候跟一帮男的聊过。

杨　澜：所有男人把他们的噩梦都集中到这儿了。

蒋雯丽：所有男的对老婆的控诉、对女性的控诉全部放在她身上了，当时我就说，海鸰老师，我觉得这对女性不公平。海鸰老师说，有知识有文化的女性，不见得不会这么歇斯底里。

李　艾：你知道因为什么吗？我相信杨紫也听过这种话，就是什么事情都有保鲜期。我虽然不是90后，我都听说爱情是有保鲜期的，过了以后就变亲情了，就不是爱情了，当初什么激情、浪漫啊都没有了。你现在还觉得有激情和浪漫吗？

杨　澜：那我是属于不太正常的，我觉得还有啊。

李　艾：真的？最近一次浪漫的事情是什么？

杨　澜：那不能跟你说。但是我可以跟你说我们结婚15周年的时候，办了一个小小的party，请了朋友来，然后我们给朋友们准备了礼物，我去准备的。我准备了痒痒挠，我就说不都说七年之痒吗，我的经验就是无论是一年还是几年，每一年都有可能痒，痒了不要紧，只要挠挠就好了。所以我给每一个朋友都准备了一个痒痒挠，特漂亮，是上了漆的，画了花的，特别美。我的心得就是你肯定会有吵的时候，有冲突的时候，也有觉得好像不那么新鲜的时候，但是你要经常去沟通，把这些事都谈通了，就会有一种新鲜感产生了，我觉得是这种过程。

李　艾：两位呢？

蒋雯丽：我有的时候会觉得，人家都说朋友是老的好，那其实爱人也是这样子，跟你一起走过这么多年，风风雨雨的。我已经结婚不少年了，前段时间搬家的时候，我还翻出了以前没结婚时候的照片。当你看到以前的这些东西，甚至一个物件，你都会觉得就那些时间，你的人生是跟这个人一起走过的。我觉得那种温暖，那种东西会让你心里真的是有特别不一样的感受。

孙　淳：我觉得两个人有的时候有很多共同的回忆，这些是非常好的。当然这些共同的回忆，包括好的部分，也包括不好的部分。有人形容两口子过日子就是勺子和锅的关系，免不了碰碰撞撞，但是关键是炒这盘菜。所以我觉得光记好的，有人说全是美好的，我也不太相信这个说法，我只能承认有好的，也有不美好的，但是关键是你们俩携手走过去了。

杨　澜：像哲人一样。你们俩拍过一个电视剧叫《好想好想谈恋爱》。

蒋雯丽：是几年前了。

李　艾：那时候你们俩就是演一对恋人，但是没有结婚，好像是孙老师那角色一直不愿意结婚。

蒋雯丽：对，他一直吊着我的胃口。

杨　澜：孙淳就演一个不愿意承诺，不愿意结婚的男人。

孙　淳：其实这也是一种对爱的处理方式，我觉得伍岳峰也是……

杨　澜：我其实也认识这样的人。

孙　淳：然后就分开了，分开了之后他就开始对婚姻产生质疑了。他就希望建立一种比婚姻更高级的关系，他就和她开始实验，实验的过程，伍岳峰觉得相爱的人是不能结婚的。他就割舍了。

为角色而增肥

李　艾：我想问一下杨紫，你一个90后，对男人好色这个问题怎么看？

孙　淳：你将来会碰到的。

杨　澜：慢慢就开始碰到了。

李　艾：你怎么看？如果你以后的男朋友好色怎么办？

杨　紫：这可不行啊，我估计以后找男朋友，我不会找一个很好色的。

孙　淳：男人都好色。

李　艾：我今天在化妆间问，男人好色怎么办？杨澜姐在那边幽幽地接了一句，没有男人不好色的。

杨　澜：喜爱颜色嘛。爱美之心人皆有之。比如说我跟我先生走在街上，有美女他会回头看，我一点都不觉得不好，挺漂亮的，为什么不能看？我觉得他是一个很正常的男人，我还是愿意跟一个很正常的，很真实的男人生活在一起。

李　艾：我觉得可能杨紫没有我感受深，刚才我听完杨澜姐说了那番话以后，我觉得现在的男人不好色才可怕呢。

杨　澜：对啊，现在有很多种可能性。我其实特别喜欢雯丽演的《立春》，因为我们是一个女性的节目，所以我们有时候会探讨，有些女人觉得如果我不够漂亮，我是没有前途和希望的。然后你演的《立春》中王彩玲的角色，真的是给人一种特别压抑的感觉。她有唱歌的天赋，但是真的是相貌不好，遭受了各种各样的压力，别人的欺负、背叛等等的。你怎么看待这个女人的命运？

蒋雯丽：我觉得这其实是代表了很多生活在小地方的人的想法，因为我自己也是生活在一个小的城市，我身边其实有很多王彩玲这样的人，从小就抱着很多梦想。我身上也有王彩玲的一些东西，我那个时候就想，不管去哪儿，只要能离开蚌埠我就走。《立春》里有一句台词，就是说看着别人拎着行李离开这儿，我都很羡慕。但是也不知道去哪儿，总觉得好像在另外一个地方有另外一个生活，不甘心现有的这种生活。

杨　澜：你觉得王彩玲有她的幸福吗？还是她是彻底不幸的人？

蒋雯丽：我觉得她还是挺幸福的，因为人生活在梦想里，比没有梦想要幸福。

李　艾：其实那部戏感觉好像在造型方面故意把你丑化了，当初你是怎么想的?

蒋雯丽:就是特意造丑。

李　艾:一般对女演员来讲,这个确实不太容易做到,就是弄一个很难看的形象出现在电视上。

蒋雯丽:因为我一直希望彻底把自己改变一下,就是想有一个角色别人看不出来是我。

孙　淳:所有演员都是这样的。

李　艾:为什么要这么纠结呢?找一个不好看的演员不是更容易吗?

蒋雯丽:对于演员来说,我觉得这是一件特别幸福的事情。因为这个角色我大概增肥了30多斤,当时我觉得自己已经胖得走路都快要摔倒了,身体有点问题了。但是等我看电影的时候,觉得还不够胖,平时总是想要减肥,越瘦越好,但是真的到那个时候,就觉得我要再胖点就好了。但这种事情不宜经常尝试,做演员有这么一次我觉得也是很幸福的事。

赵守镇:如果瘦不回来怎么办?有没有这种担心?

蒋雯丽:也没想,就不再往下想。

杨　澜:就是属于一根筋的,要做好这件事,把它做好就是了。我记得孙淳也是这样。

孙　淳:演员非常理解这种心境,最好是外形和内心世界跟你离得很远。证明什么呢?其实也有虚荣心,证明我有驾驭角色的能力。然后你就一根筋往下走,不会想其他的。

杨　澜:我记得原来你跟我说过,当你给自己增肥,后边脖子上的肉都鼓起来的时候,就觉得自己特慈祥,看谁都笑。

孙　淳:就天天刷牙对着那镜子看。我胖起来以后,我体会到为什么胖的人愿意乐。人胖了之后,心境很好,老想乐。真的,我胖的时候经常那样,心情好了,然后吃得很多,睡得也香。

赵守镇:但我觉得,他一会儿胖一会儿瘦,老婆肯定很开心。

李　艾:为什么?

赵守镇：很新鲜啊。

杨　澜：保持了婚姻的新鲜感。

孙　淳：就总是问，你是谁啊。

李　艾：会吗？会不会？

杨　澜：这就属于没有结婚的人，就想着新鲜感啊。要是结婚了，老夫老妻的就心疼了，何必这么玩命呢。你们每个人给一个关于幸福的理解和感受吧。比如说什么时候你感到自己最幸福？

杨　紫：我觉得幸福就是自我实现吧。小到减肥成功，怎么吃都吃不胖，大到自己的梦想能够实现，所以我理解的幸福就是很平常的一件事。每个人都有自己的幸福，我觉得有自己的梦想是最幸福的事。

孙　淳：我觉得你得有一个感恩的心态，爱我的人、我爱的人都健康，我会觉得非常好。

蒋雯丽：其实我昨天也跟一个朋友在聊，我就说其实我们都很羡慕人家生活在一个富有的家庭，但是如果你真的生活在一个富有的家庭，可能就剥夺了你生命的过程。其实生命的过程，就是你自己不断去努力，你一点一点去得到，我觉得这样的生命过程才会比较精彩。那我觉得婚姻也是这样，你一直都在幸福里，你可能也不觉得什么叫幸福。正是因为你经过了这么多的努力，有很多的痛苦，有很多的失去，这些东西你最后发现都是你所得到的。

杨　澜：对，要是没有这个过程，后面的幸福也许不见得会那么甜蜜。

蒋雯丽：是。

袁立

谁知女人心——袁立

从《永不瞑目》里的欧阳兰兰，到《铁齿铜牙纪晓岚》里的杜小月，再到《婚姻保卫战》里蛮横的兰心，袁立的百变姿态在荧屏上给观众留下了深刻印象。

编导手记

当你追她很紧时，她会避开你；当你停下脚步时，她又会掉过头看你。当你追求她时，她懒得理睬你；但当你爱上别人时，她又会吃醋。表面上说讨厌你，心里却暗暗喜欢你；嘴巴说爱你，心里却恨你。这究竟是什么在作怪？本期《天下女人》将带你猜猜这摸不透的女人心。

从早期的《永不瞑目》与陆毅合作到热播剧《婚姻保卫战》中与黄磊搭档，两个男人对于摸不透的女人心又有着怎样的抗衡？袁立在节目中谈到在拍《永不瞑目》的时候，剧中那个像纯净水一样清纯的陆毅很会体贴女人，和他一起工作，有时候一个简单的动作就可以表现出他有多么懂女人心。而与黄磊的合作则更是风趣，对女人，黄磊常常会非常机灵且带一点点坏地去逗她们开心。

都说女人心难猜，特别是脾气来之快去之快更是让人摸不清门路，袁立也如此。《牟氏庄园》这部大戏在全国都享有名声，这部戏的拍摄地便在盛产高端葡萄酒的君顶酒庄附近。当杨澜问及袁立曾在《牟氏庄园》拍戏现场发火摔剧本的原委时，她不觉来了些兴致。原来她脾气的爆发并不是无缘无故，她的压力全部来自于拍戏时所需的工作环境，也就是一个利于拍戏的气氛，而现场气氛的不对头才让她禁不住生了气。

女人和葡萄酒，哪个对男人更重要？在女人心越来越难懂的时代，葡萄酒越来越成为男人们关注和喜爱的焦点，女人和酒哪个才是他们的挚爱，是不是也算是猜不透的男人心呢？正如袁立所说，有些男人非常爱葡萄酒，甚至他们对葡萄酒的关注超过了他的女人，可见酒在男人心目中的地位也越来越重要。葡萄酒犹如女人，色泽、味道都需慢慢品，而这品的过程又何尝不是在猜这酒中的美妙呢？当你猜女人心的时候，这美妙是不是也感同身受？

男人们都觉得女人心很难猜，那么男儿心是不是也难猜呢？情歌里的男人和女人都唱着自己不同的心声，那究竟是不是真的一个来自火星，一个来自金星呢？实则不然，如今的男人们都在拼命讨女人欢心，有时候设身处地为男人们想想，他们的确挺不容易的。其实女人心并没有男人想象中那么难猜，也许也根本用不着去猜，真正走入生活中，只有彼此的理解与包容才是两个人交流的长久纽带。

合作过的男演员都很优秀

杨　澜：我想问问现场的观众朋友，你们觉得世界上什么东西最难猜？

观　众：女人心。

赵守镇：那男人心好猜吗？

观　众：不好猜。

杨　澜：如果你问问已婚妇女，她们就认为很好猜了。我想说的是，我觉得世界上最难猜的是女人心，特别是对于很多男人来说，因为他们有时候就说，我总是不明白我女朋友为什么这样，为什么那样。总之，男人们觉得女人心非常难猜。有一部很火的电影就叫《我知女人心》，是刘德华和巩俐主演的，还有一位主演就是非常受大家喜爱的影视明星袁立。袁立今天穿得太酷了！

袁　立：真的吗？

杨　澜：好像花木兰刚刚回来。

袁　立：我好想演花木兰，他们不让我演。

杨　澜：真的，我觉得你演花木兰那个气质很对。袁立总是给我们一个非常潇洒干练的印象，有很多观众都说，他们不知道袁立是一个什么样的女人。然后影片《我知女人心》中，你也是主演之一。

李　艾：你在影片中演一个卖咖啡的。

杨　澜：还是一个河南妹，要学说河南话。

袁　立：我之前有一部戏，全部用河南话，后来就是不行，必须用普通话，所以河南话我认为我白学了。然后拍这个电影的时候，剧本说这个妹子是青岛来的，我说青岛话不太会说，我说河南话中不中，导演说中。我就觉得还好，没有白学。

李　艾：你跟刘德华有亲吻的戏？

袁　立：有。不仅有那样的戏，还有床戏。

杨　澜：什么样的？

袁　立：我很期待演这场戏，我这辈子从来没跟任何演员拍过床戏。我不知道应该怎么拍，是否要缠胶带，是否要清场，我不知道。我都没演过，一想到那场戏我就会紧张，然后我也不知道怎么跟刘德华讨论，他是要穿成什么样演，我得穿成什么样演。

杨　澜：对。

袁　立：但是还没想明白的时候，导演就说那场戏删了。

李　艾：你该不会看了剧本之后，因为有和刘德华接吻的戏以及床戏才接的吧？接了这个戏以后，发现这场戏删掉了。

袁　立：当然了，我就是这么想的。

杨　澜：好可爱。所以说袁立是一个特别直接的女孩子。那我再问问你，如果不是演戏，就是在平时的生活当中，像刘德华这样类型的男人对你有吸引力吗？

袁　立：我觉得他是一个非常绅士的男士。

杨　澜：很绅士。

袁　立：他很绅士，你远远地看他，你会觉得他是一个偶像，这么多人追捧他。然后我总是冷眼旁观,心想第一次跟偶像这么近距离……

杨　澜：你第一次心里是怎么想的呢？

袁　立：这个人还真不赖。

杨　澜：这个人还真不赖？

袁　立：会帮你拿衣服、拉椅子，觉得他很绅士，很好。

赵守镇：接吻的戏跟其他演员不一样吧？照顾你，或者提前刷牙？

杨　澜：没有吃韭菜馅儿的饺子。

袁　立：我肯定是没有刷，因为我觉得我刷过了。然后我就等着导演来说，这场戏该怎么吻，因为我会觉得有点不好意思，但是导演把这个任务甩给了另外两个演员。

杨　澜：这个不是事先要讨论的吗？

袁　立：没有，我觉得应该有讨论，但是没有讨论。所以我想该怎么办，然后大家都不说怎么办。

李　艾：但是按理说，你应该拍过很多吻戏。

袁　立：没有。

李　艾：你之前做演员做了那么长时间。

袁　立：恰恰没有。

李　艾：你都没吻戏吗？

袁　立：没有。

杨　澜：《永不瞑目》中怎么没有啊？

袁　立：对，我喜新厌旧，我给忘了。

杨　澜：现在的女人太厉害，男人都吃不消了。其实这部戏，袁立的戏份儿并不是那么多，但是还是很有趣，所以是引发了一个社会性的话题。你觉得女人心难懂吗？为什么男人不明白女人心？

袁　立：我觉得女人心其实也不是那么难懂，就是男人有时候不想懂，他希望女人懂他。

杨　澜：怎么讲？

袁　立：他希望女人去懂他，希望女人围着他，他觉得女人是从属于他的，我是这么想的。女人心难懂吗？其实女人只需要一些温暖的安慰和关心，一点点礼物，我觉得仅此而已。

杨　澜：有些男人不明白，明明这个女孩子对我有意思，还要说讨厌、走开之类的。

袁　立：我觉得这是发嗲而已，对不对？

赵守镇：那你碰到不要懂女人心的男人，你怎么办？

袁　立：不要懂女人心的，我为什么要找他们？

赵守镇：那你怎么教育他们？

袁　立：我觉得这是我要学习的地方。

赵守镇：是吗？

袁　立：我要跟杨澜姐学习的地方。

杨　澜：跟我学有什么用？我没教育过几个。

李　艾：但是你教育得很好。这是重点。

杨　澜：我在这方面经验非常少，不足以拿来传授给大家的。

李　艾：我知道袁立姐也跟很多很有名的男演员合作过，有各种不同的类型。

杨　澜：有不同类型的男演员，比如说《永不瞑目》中陆毅属于很清纯的小男生，然后到《婚姻保卫战》里黄磊就是特别可爱，会操持家务，起码那个角色是那样。所以跟陆毅和黄磊的合作，当然在不同的戏的氛围当中，会碰撞出不同的火花。

袁　立：我觉得跟陆毅的合作比较简单，因为他是一个非常简单的男孩子。

杨　澜：直到他演诸葛亮，我觉得他演诸葛亮演得很好。

袁　立：你看了吗？

杨　澜：我觉得演得真好。

袁　立：但是我还是喜欢他早期的《永不瞑目》。

李　艾：好纯。

袁　立：像纯净水一样。

杨　澜：他没有做纯净水的广告。

袁　立：我觉得他应该做纯净水的广告。他非常干净，然后也非常体贴人。我也有做过别的采访，我说过一件事，你别看陆毅平时不是很有心，很单纯的一个男孩子，但是他其实蛮有心的。在拍《永不瞑目》的时候，我得去追求他，然后有一场戏是梦境，我和我的家人都像牛鬼蛇神一样戴上了绿色的发套，然后把脸涂得很白。梦境里，我们一群人扑向他，其实我当时不想演这场戏，我觉得有点伤自尊。我跟陆毅说，生活中我绝不会追你的，只是因为演戏我才追你，我生活中都是要被人追的。我就觉得去追他已经可以了，还要让我演扑向他，但是没有办法，一定要演。演完以后，因为拍戏的地方离停车场有点距离，然后我就挂着满脸的……

杨　澜：你就出去了？

袁　立：我就上了车，自己坐着，心里面有点难过。然后这个时候陆毅很快乐，他是要演一个大家都很喜欢他的人，很快乐地就跳上车了。就我一个人坐在黑暗处，化着一张大白脸。

杨　澜：青面獠牙是吗？

袁　立：他一上来，就坐在我旁边。我记得当时我靠着车窗，他坐在我旁边，在我脸上亲了一下，我特别明白他亲这一下的意思是什么。

杨　澜：什么意思？

袁　立：意思是不要难过了，这只是拍戏，我懂你现在为什么这么难过。

李　艾：看来他是个很懂女人心的男人。

杨　澜：对。

袁　立：这也是懂女人心的男人。

杨　澜：女人还没有说话，他就明白了。

袁　立：对。

杨　澜：而且又是用女人可以接受的一个尺度表达关心，陆毅很聪明。

袁　立：很聪明。

李　艾：那黄磊呢？

杨　澜：黄磊好可怜，每天在家做饭，然后老婆回来说，我今天又签了一个大单子。

袁　立：黄磊非常聪明，他是非常非常有教养的演员，真的是非常非常好。黄老师可能在学校里是那个样子，但是他也有非常机灵和坏的一面。有一次他问我是什么属相的，我说我不能告诉你。他又问那你生日是哪一天。然后我想生日我可以告诉你，没问题，我就告诉他了。他说那你阴历是哪天。我说我也可以告诉你。然后他用手机一对……

杨　澜：他把阴历和阳历合在一起。

袁　立：他说我知道你属什么了。他就用手机一对就对了出来。

李　艾：再问一个问题啊。有男人会对你发起那种很强烈的攻势吗，就是在追求你的时候？

袁　立：我没有被几个人追求过，我不知道。

赵守镇：你刚才说一般都是男人追你。

袁　立：我是一个心比较善的人，我只要发现这个男人愿意追我的话，我说这个攻势我来，你不用追了。

杨　澜：真的？

袁　立：我其实是心慈手软。

只是很认真地对待每一个角色

杨　澜：现在女孩子都比较主动，比较厉害。你演的这些角色，我觉得大多数也都很主动，为什么导演让你演这种角色？

袁　立：就像我经常会把自己打扮成这样，导演会觉得你应该是个很酷的人，或者说你应该比较擅长演这一类的角色。因为所有人不可能在生活中很近距离接触过你，他也不了解你什么样，只是因为你的戏路是这样，所以给观众留下了那样的印象。

杨　澜：你平时嘴巴厉害吗？

李　艾：导演认识你的时候，就觉得这女孩挺厉害的吗？

袁　立：我不是很厉害，比如我跟别人吵架的时候，我一激动就会结巴。事后想想，觉得吃亏了，刚才我为什么不说那句话呢。

杨　澜：我也是这样的。

袁　立：当时就不会。因为演戏时台词是写好的，你可以很流畅地把它背出来。你可以背一个晚上、两个晚上，你一定可以流畅说出来。但是生活当中，我反应就没那么快，我就会吵不过别人，我就会不说话，或者我说话的时候，脑子里就开始堵车了。

杨　澜：跟我一样，我当面从来吵不赢别人，回头想的时候，又好像都能吵得赢。但是我听说了一件事情，袁立有一次在片场发火了，

然后全场的人为之肃然。说说因为什么事你发火，而且好像发起火来还挺让人害怕的。

袁　立：真的吗？其实赵宝刚导演也说过，袁立她笑的时候和不笑的时候，是两个极端。不笑的时候很冷，好像拒人于千里之外；但是笑的时候，她可以一下子很灿烂，可以没有中间的过渡。我是这样的吗？

赵守镇：真的。

李　艾：我也有一点这样的感觉。

袁　立：你不要这么严肃地看着我。

李　艾：因为我很认真地在观察。

袁　立：所以我有的时候会有这样的情况。

杨　澜：给我们举个例子吧。

袁　立：我记得我上次来杨澜姐节目的时候，我提到了一部戏叫《牟氏庄园》。我演戏时就觉得很紧张，因为之前参加一个活动，旁边来自山东栖霞的一个人说，山东出很好的葡萄酒，我知道你演了一个戏，你演我们山东栖霞的一个地主婆。

杨　澜：对，没错，没错。很能干的女庄主。

袁　立：还有人看到这个戏！我就会觉得，那个戏我很想演好，我有压力。因为杜小月对我来说太简单了，我演了好几部，我都知道该怎么样去演。那部戏我没有演过，当时有一个老演员在现场的时候，现场的气氛就会安静一点，然后老演员杀青了以后，突然就沸腾了，热闹得不得了，根本不是一个要工作前的状态。

杨　澜：都是在传各种流言？

袁　立：那我没注意听。有一天要演一场很重要的戏，我就觉得那不是一个拍戏的气氛，我那天本来也演不出来那场戏。因为剧本很厚，然后我把整个剧本都扔到地上，我记得地上有很多灰随之就扬了起来。大家一下子没有声音了，其实我当时更紧张，大家没有声音都看着我。当时我就觉得，可能是我想把事情做好，但是这个方式可以改一改，但不知道怎么改，太急了。

杨　澜：那时候你要引起大家的注意，要大家安静下来，进入工作的状态，需要表达自己的态度。

袁　立：但是有时候不应该由我来讲，应该是导演来讲。

杨　澜：现场的导演没有站出来讲这个话？

袁　立：对，他没讲，他希望我讲，因为他觉得我可以讲。然后我就讲过头了。

李　艾：那天你还说了狠话？

袁　立：有吗？

李　艾：不知道。

袁　立：用动作表达就可以了。

李　艾：后来呢？

袁　立：后来我就带着这股气把那场戏演得特别好。

李　艾：那后来现场只要你在的时候，大家都不敢吭声了？

袁　立：之后大家都离我远远的，都没人敢跟我说话了。

赵守镇：后来有没有对你的行动后悔过？不应该这样？

袁　立：没有，没有。因为对我来说，戏最重要。正好借那股气把那场戏演那么好，后来那场戏就被剪到片头上反复播。我在家里看的时候，我就想我当时怎么能咬牙切齿把戏演得那么好，然后我就自己又说了一遍，怎么也说不出那股劲儿了。

杨　澜：我觉得现在的女人很怕别人说自己不女人。

李　艾：对。

杨　澜：我觉得其实也有一些不自然，难道我该表达我的态度的时候，我一定要拐弯抹角，遮遮掩掩，表达得很委婉吗？我觉得其实生活节奏都不允许你那样。有的时候，要做好一件事情，无论男人还是女人，该做的决定你就要做，得罪人也没办法。你要把这件事情做好，就要拿出一点果断的气概，不能怕别人说我不够好，别人说我不温柔了，别人说我女强人了。

李　艾：耿耿于怀。

杨　澜：对，那该多累。

李　艾：但是你们这么说完以后，我就释然了，因为我曾经在片场，当然是做节目的时候，发过一次火。

杨　澜：真的吗？

李　艾：我当时还踹门。

杨　澜：门坏了？

李　艾：当时外面下着雪，我都已经出门了，知道了一个事情，我一下子就火了。就是组里有人对我是一套，对我的同事又是另外一种嘴脸，欺负我的同事。我当时就火了，我回头把门一下子踹开，然后里面还灯火辉煌的，映着外面的雪特别亮，所有人看我那样子进去，傻了。

杨　澜：你的头发直起来了？

李　艾：当时我还穿着羽绒服，一身黑，特别凶悍。

杨　澜：把你的表情……

李　艾：我现在学不像，我冲进去就指着那个导演，当然不是导演的问题，我就跟他投诉另外一个工作人员，所有人都吓坏了，因为我之前态度都很好的。

杨　澜：假装很好。

李　艾：对，那天我一下子发了脾气。但是后来我很认真地进行检讨，我觉得我那样是不是有点太狠了。

杨　澜：第一容易把门踹坏，第二高跟鞋容易断。反正这种方式我不太赞成，我觉得还是摔本子比较好。

李　艾：那门确实是有点坏了。

杨　澜：所以要注意一下方式、方法。

李　艾：刚才袁立说起发脾气这件事，我就想起你最近的一个角色来，兰心的角色在那个戏里好像挺猛的。

袁　立：真的吗？多温柔！

杨　澜：拿鸡毛掸子。

李　艾：那是你温柔的标准？

袁　立：不是，我觉得兰心并不代表我自己，而且那个情节很喜剧。我们生活当中，你家有鸡毛掸子吗？

杨　澜：没有。搓衣板也没有。

袁　立：所以戏中是完全丑化了我。

李　艾：她其实有点像漫画里的人物的感觉。

袁　立：对，正好电视上放《猫和老鼠》，这两个打来打去的。

杨　澜：过去演的这些角色，你觉得自己最有认同感的是哪个？

袁　立：其实有的时候，无心插柳柳成荫。我不是那么在意的角色，比如杜小月成了我的一个代表，其实有的时候，我并不希望别人见到我就说小月。我会觉得我读了 4 年电影学院，难道我就塑造了一个角色吗？其实我塑造过很多别的角色，比如刚才说到的我很投入的《牟氏庄园》，普及率却没有那么高。我觉得有时候，有意栽花花不活，所以我现在只能很平静地接受每一个结果。

天生喜欢小动物和小朋友

杨　澜：袁立有什么生活爱好？我们都是在屏幕上了解你的，生活中你有一些什么情趣吗？比如说爱买衣服吗？

袁　立:生活中，我会定期逛街，但不会经常逛街。

李　艾:你会去小店讨价还价吗?

袁　立:不会，我觉得那浪费时间。

李　艾:直接去品牌店?

袁　立:我有去过小店，但是我没有设计师那样好的眼光。我曾经去过一个小店，那店主认识我，就把门关起来了，不让别的客人进来，然后我基本上把那个小店都包了。

李　艾:你会觉得不好意思?

袁　立:我特别容易被忽悠，门一关，我就出不了门了，那天我就花了很多钱。等我回去的时候，我一看，都不是我想要的，在店里面的感觉和出了门的感觉不一样。

杨　澜:就是因为关了门了。

袁　立:所以我后来就不敢再去。因为我觉得自己的眼光会有问题，那时候就会很冲动，这也行，那也行。所以我会去比较好的我认识的品牌店，不浪费时间。

杨　澜:生活中你有什么爱好吗?我听说你喜欢品酒的。

袁　立:有的男人非常爱红酒，我觉得他们对红酒的关注超过了对女人的关注。如果红酒的温度不对，就会跟服务员生气，其实他平时是个非常绅士、非常好的人，温度不对了就责问服务员红酒怎么能这么开。我觉得如果能对女人也这么好，那该多好。

杨　澜:他们其实对女人也是这么要求的，肯定是这个胖了一点，那个瘦了一点，我觉得他们会挑剔的。

袁　立:我在生活中不太懂酒。我比较喜欢小动物，比较喜欢小孩子。可能因为我是巨蟹座的原因，对于小动物或者小孩子，我天生就很容易亲近他们。

杨　澜:真的?

袁　立:我蹲下来跟他们讲话的时候，我知道他们在想什么，喜欢什么。他们在想我要怎么样，然后我会知道步骤，一步一步怎么接近他们，然后一步步让他们放松。我前两天跟小孩讲话，等我蹲下来的时候，人家说没想到你有这样的一面。跟小朋友讲话有耐心，还要尊重他的意见，然后我觉得这是我天生的本事。

杨　澜:真的？比如说看到一个小动物，看到一个小狗，你怎么样跟它交流？

袁　立:蹲下来。

杨　澜:蹲下来，跟它一样高？

袁　立:蹲下来是心里面的一种感觉，让它不要害怕你，其实我觉得动物不会轻易伤害人。你不要很强势或者是怎么样，我觉得首先要蹲下来。有一次我到一个朋友家里去，他的屋里有一个很被宠爱的狗，很漂亮很小的狗，他屋外有一只老狗，脏脏的，牙也没有了，但我觉得透过纱门可以看到老狗的眼神。它在看屋里的一切。

杨　澜:你觉得它有那种羡慕和悲哀？

袁　立:它有，它有那种被遗弃的感觉，它也曾经在这个屋里面待过的。然而现在到门外去了，我觉得如果你一开始就让它在门外，它能接受，但它不能接受这个落差。然后我就问我朋友，你为什么不让它进来。他说它会咬人。然后我说我要出去，其实说实话，我第一次到这个朋友家里去，我不应该在主人没有同意的情况下这样做，有一点点不礼貌，但是我觉得我很想安慰那只狗。然后我就跨到那个有点脏的院子里。

杨　澜:就是只见新人笑，不听旧人哭的那种感觉。

袁　立:其实我有一点点紧张。主人说你也不听我的话，我说它会咬人，你还非得去。然后我就去了，我蹲下来一直跟它讲，它听不懂我的话，但它懂我的语气和眼神。我就跟它讲了很久，它的心好像做了一个 SPA 一样，好像放松了一些。但是以我的能力只能做到这样了。

杨　澜:已经好厉害了，你让一只狗的心放松了，你就跟它说人话。明明它听不懂你的话，但是你在跟它说。

袁　立:对，其实有的小孩……

杨　澜：这份心其实特别可爱。

袁　立：有的小孩也是听不懂大人讲话，但是他能感觉你的眼神、你的气质是否友善，他能感觉到这些东西。我觉得小狗也是这样。

杨　澜：袁立特别有爱心。

袁　立：所以有的时候，我看到报道说动物咬人了，动物伤人了，不知道为什么，我第一个念头是人侵犯了动物，可能我的逻辑是不准确的，我是站在动物的立场上。

李　艾：看得出来你很喜欢小朋友，有没有想过什么时候自己也生一个？

袁　立：我觉得这方面，应该依靠上帝的赐予。

李　艾：那天我们聊天中说，现在很多女性觉得男人其实不重要，小朋友比较重要。你想要什么样的男人？

袁　立：我想要一个事业型的男人。

杨　澜：真的吗？

袁　立：拍《婚姻保卫战》，有一次有记者采访我，我讲的话黄磊肯定不爱听。我说生活中，我肯定不会找许小宁（黄磊饰）这样的人。我想找一个比较粗糙的人，但是回家的时候，他又会很细腻，最好不要太善于表达，比较害羞，不要说出来。

杨　澜：男人真的搞不懂，又要比较粗糙的，又要比较害羞的。

袁　立：这个角色好难演啊。

杨　澜：有时候设身处地为男人们想想，他们的确不知道怎么取悦当今的女人，我们要求挺高的。

李湘

沉淀与蜕变——李湘

或许，李湘有很多身份，主持人、制作人、老板等，可给我们印象最深的却是她的母亲身份，聊起女儿她满脸的宠溺，脸上的笑意止都止不住。

编导手记

她以湖南卫视一姐身份隐退电视圈，几年间，她经历事业沉浮，收获美满婚姻，成为母亲，现在她以制作人的身份重返湖南卫视。

而首度担任电视制片人，收视率的重压几乎让她濒临崩溃，噩梦连连。

作为主持人复出娱乐圈，面对风生水起的局面，如何定位自身？

身为母亲，又怎样被机灵的小女儿折磨得甜蜜而崩溃？

做制片人，压力山大

杨　澜：新年伊始，各台都拿出了自己的看家本事，纷纷有新的电视剧开播，湖南卫视的《一不小心爱上你》就成为收视的优胜者。而这部戏的制片人，就是大家非常熟悉和喜爱的娱乐节目主持人李湘，今天非常高兴把她请到了《天下女人》的节目。

李　湘：大家好，杨澜姐好。

杨　澜：李湘，你好，欢迎来到我们的节目。

李　湘：李艾，你好。守镇，你好。

杨　澜：首先要恭喜你，因为一开年的这个大戏，《一不小心爱上你》获得了收视的佳绩。

李　湘：谢谢。

杨　澜：作为制片人，你一定挺高兴的，对不对？

李　湘：挺高兴的，也挺激动的。因为大家都知道，湖南卫视的制作人压力都非常大。我们这个电视剧在播之前，台长张华立就已经在微博上放言说，如果收视不好，让我跳湘江。

杨　澜：真的吗？现在台长都通过微博来施加压力了，是不是？

李　湘：对，对。

杨　澜：你看到那个微博的时候，什么反应？

李　湘：我觉得他是在调侃，因为大家关系很好，当然他自己也挺紧张的。

杨　澜：压力大到什么程度？

李　湘：第一天开播的那个晚上，我一直都在做梦。因为第二天早上十点多钟，收视率就会出来，我就在想收视率多少多少，就一直在做梦，梦到我……

杨　澜：你是在发功？

李　湘：没有发功，就是在害怕，确实是害怕和紧张。其实我做电视这个行业十几年，从来没有这样过，因为以前做主持人嘛。

杨　澜：所以以前就是比较单纯一点？

李　湘：对。

杨　澜：也要祝贺你，收视率非常优异。

李　湘：谢谢，谢谢。

杨　澜：后来张华立台长有没有什么奖励？

李　湘：我们是这样的，湖南卫视收视率是第一名的话，就是在全国评，这个时段第一名，会奖 100 万。但是如果你跌出前三，平均收视率跌出前三，也就是说如果你是第四名的话，要罚款 100 万。

杨　澜：所以现在这 100 万已经揣到兜里了，是吧？

李　湘：还没有呢。

李　艾：今天晚上大结局？

李　湘：对，对。

杨　澜：所以要等结局之后再来算一下账？

李　湘：对，对。

李　艾：没有中间的钱吗，比如奖个 5 万、10 万什么的？

李　湘：没有，没有。

杨　澜：正好我们这个节目播出的时候，电视剧是大结局，所以现在的压力，已经从李湘的身上转到了张华立台长的身上。他现在开始做梦了，梦到自己的 100 万已经划出去了，其实没有啦，他一定是感到非常高兴。

赵守镇：那做主持人收视率高的时候，跟做制片人收视率高的时候，感觉有什么不一样吗？

李　湘：是不一样的。我觉得主持节目，一台节目收视率高，其实是所有人的成果，那主持人，我觉得是一个画龙点睛的作用。像杨澜姐这个节目，你看她自己又做制片人，又做主持人，我觉得压力她自己应该知道。

杨　澜：我真没有，我已经早把这个压力给我们的制片人了，所以他经常打电话对我说，你认真点儿好不好？我很认真了。这部戏让我也特别感兴趣的是，虽然我并没有每一集都看，但是我周围的这些小姑娘都议论纷纷，说里面帅哥很多，是不是李湘拍片，就特别找帅哥来演？

李　湘：因为是偶像剧嘛，所以当然会要找帅哥和漂亮的女孩子，其中也包括我们剧中的两个妈妈，我们也是找了非常靓丽的妈妈，像陶慧敏老师，还有翁虹。其实我当时找翁虹的时候，她不是很愿意来演妈妈的角色。

杨　澜：对，还很年轻。

李　湘：她保养得太年轻了，然后看上去像30岁刚出头。我那天跟她聊的时候，她带着她先生一块儿来的，我们是在一个酒店的大堂谈的。然后我在跟她谈这个角色和费用的时候，她就走了，把她先生留在那儿，来跟我谈判。

杨　澜：不好意思谈钱，对不对？

李　湘：对，一个是钱的问题，另一个我觉得可能就是这个角色的问题，因为她的儿子是张翰，对，她演张翰的妈妈。

杨　澜：对。

李　湘：她从来没有演过有这么大的一个儿子的妈妈的角色，所以对她来说，这也是一个挑战。她怕演完以后，大家会觉得她已经有这样一个定位或者定型。

杨　澜：你后来怎么说服她的呢？

李　湘：我说你演了一定不会后悔，因为我们这是一个偶像剧，里面的妈妈一定要漂亮，不漂亮的我们不要。

杨　澜：所以先给吃颗定心丸，一定是最美的。守镇，下次要是有一个美丽的奶奶你可以去演，你去吗？

赵守镇：我去。

李　艾：这个一定是最美的奶奶。

赵守镇：因为一般偶像剧就是把人物弄得挺漂亮，比本人要漂亮。

杨　澜：对，那演奶奶可以吗？

赵守镇：可以，没问题，最漂亮、最性感的奶奶。

杨　澜：最性感的奶奶。李湘你记着，下次有奶奶的角色，找一下守镇。

李　艾：但是你知道，我们首先会比较关注那两个男主角——丹尼斯（丹尼斯·吴）跟张翰。

杨　澜：张翰来过我们节目对不对？那次你们两个不就为了争他们俩谁更帅，争得面红耳赤。

赵守镇：因为丹尼斯在韩国也是挺有名的。

李　湘：对，对，对。

李　艾：这两个男主角你应该都熟悉吧？算是你亲自敲定的吧？

李　湘：对，是。

李　艾：那他们两个私底下有什么不一样？

李　湘：因为之前我有看过张翰演的《一起来看流星雨》，然后这部戏的制作人姚嘉姐是我很好的朋友，当时她也是第一次做偶像剧，所以我们也相当关注。在4个男生里，我对张翰的印象比较深刻一点，因为只有他是学过表演的，中戏毕业，所以在演技方面，我觉得他更成熟一些。我们这个戏感情戏和内心戏会很多，所以对演技的要求比较高一点，我当时就选择了张翰。然后丹尼斯呢，就是有一个我的好朋友，也是我台湾地区的一个经纪人，当时要找帅哥嘛，因为原版的那个元彬实在是太帅了，要超过他很不容易，很难找。后来他给我推荐了几个模特，其中就包括丹尼斯，然后我就在百度上搜了一下他的视频，当时就把我给帅呆了，然后我马上打电话，说你赶快帮我搞定他。也是比较有缘吧，正好他有档期，但是我当时很害怕、很担心的一点是，因为张翰比较瘦，但是他身高很高，1.84米，然后丹尼斯呢，我看他的那个视频，他很魁梧很壮。所以我特别怕他们两个站在一起……

杨　澜：不太搭？

李　湘：之前我们还在讨论，两个都很帅，但是因为身材问题必须放弃一个，会放弃谁？

杨　澜：你会放弃谁？

李　湘：当时就想，一定要看本人比一下，我平时是看他们在视频里的状态，和看到本人是不一样的。所以我就让张翰提前一天去我们公司，然后我看了一下，给他拍了一段视频。第二天约丹尼斯从美国飞过来，然后跟他见了一面，我见了他以后特别开心。因为他没我想象中那么壮，他也是很瘦的，但是他可能上镜之后会让人觉得很魁梧，后来我觉得太好了，不用选择了。

杨　澜：那如果是当时你必须要选择的话，你会怎样选？

李　湘：我们可能要在网络上进行一个人气的测试。因为这个是湖南卫视的一个自制偶像剧，那我觉得还是观众说了算，因为收视率对我们来说太重要了。

杨　澜：是生命线？

赵守镇：这里面能看到丹尼斯的身材吗？

李　湘：身材？能看到，会有会有，中间有他游泳的一段戏，这是我跟导演特别交代的，本来是没有的，后来交代了以后……

杨　澜：我倒是挺关注一个问题，我觉得现在无论是电影还是电视剧，植入广告实在是达到了一个疯狂的地步。所以看这部电视剧的时候，大家也会在猜好像哪个品牌，好像有什么样的产品，开的什么车，用的什么肥皂，都会产生这样的猜测。但是我倒看到一个报道，说李湘反而是拒绝过很大单的植入广告，是吗？为什么？你的尺度在哪里？

李　湘：其实我的尺度就是一定要首先保证电视剧的品质，要好看，不能够因为植入广告而影响它的品质。因为我们第一部电视剧，还是想做一个品牌，如果大量植入广告影响了戏的品质，我估计我第二次拍戏的机会就没有了。所以就会放弃很多的品牌，跟我们的剧情不太相符就算了。

杨　澜：比如说最离谱的有哪一类的产品？

李　湘：一些减肥的药品之类的。

杨　澜：差点就让男主角说，这个很管用是吗？

李　湘：张翰他们已经很瘦了，真的。

李　艾：那你有没有碰到跟演员谈价钱很尴尬的时候？

李　湘：我一般都不谈，对，我不谈的。

杨　澜：刚开始说翁虹那个是你谈的。

李　湘：只有翁虹的那个是我谈的。

李　艾：那你有什么地方会涉及跟人家谈钱？

李　湘：我其实不需要跟别人谈钱，我只要把控一个总的预算，接下来的事情就是执行制片人和财务的事情。

杨　澜：假设李艾和守镇是其中的两个演员。

赵守镇：这个好，这个好。

杨　澜：她们两个都希望增加一些片酬，然后你们俩要用不同的方式，要求老板加片酬，看看老板是怎么样来应对，好不好？

李　艾：那我也设定一个角色，我这个要有一点分量，要很难拿得住。

杨　澜：片酬是 8 万，你想涨到 10 万。

李　艾：我就觉得叫李老板好怪，李湘姐。

杨　澜：对，甜一点，甜一点。

李　艾：李湘姐，你看，我刚开始看剧本的时候都不知道，原来我的戏份儿这么多。本来你说 8 万，我也觉得卖你个面子，8 万就 8 万了，但是后来我发现，导演给我加了很多戏，当然我也知道我演得好，那你说加这么多戏，8 万块钱真的太累了，你看能不能给我加到 10 万呢？

李　湘：我觉得当然可以，一切都有可能，如果我们收视率第一的话，我奖你 5 万。

李　艾：1 集？

李　湘：对。

杨　澜：一不小心连 20 集都有，那就变成 100 万了。

李　艾：李湘姐，你也不差这一点钱，但你看我这 20 集戏，本来我才 10 集，现在给我加到了那么多，每一集的分量都多了那么多。我本来还可以去轧另外一组的戏，现在都轧不了了，我的损失不少呢。

杨　澜：这叫轧？

李　艾：对，我这词用得专业吧？

杨　澜：真专业，我都不熟悉。

李　艾：我其实也是学来的。

李　湘：我觉得这样吧，我先看看你的表现好不好，你先演。

李　艾：演得不好也就不给我加戏了？

李　湘：你先演，你希望是 10 万 1 集，对不对？如果你演得好的话，可能会比这个更高，但是如果你演得不好，可能我会把你换掉，你愿意吗？

李　艾：换掉？她好狠啊。

杨　澜：所以你要提出时间的限制。

李　艾：我到底好与不好，那你什么时候能得出这个结论？

李　湘：你演完 10 场戏，我就知道你演得好不好。

杨　澜：10 场戏还可以接受吗？

李　艾：我不是应该已经演了一段时间了吗？

杨　澜：假装你还没演，10 场戏也就两天就拍完了吧，是不是两三天就拍完了？

李　湘：不一定，要看她的戏份儿时间是怎么排的。

李　艾：我没辙了。来来来，换一个，我已经只能这样了。

杨　澜：她主要是太可怕，她说要换掉你，她微笑当中带有危险。

李　艾：我觉得这个很恐怖，你知道吗？

杨　澜：守镇，你如果不好好演，你那个漂亮的奶奶也演不成。

赵守镇：性感的奶奶。

李　艾：对，性感的奶奶。你用其他的方法，我刚才撒娇不行。

杨　澜：对，撒娇不行，你来吧。

李　湘：因为她不会撒娇嘛。

赵守镇：对，我不会撒娇。

李　艾：你哭，就说我很惨，我家里有问题，我爸住院，你再不给我加……

赵守镇：因为我跟金喜善是一个级别的，我给她打过电话。

杨　澜：你给金喜善打过电话？

赵守镇：我给她打电话，她现在涨了，她是 15 万。

杨　澜：她 50 万吧？

赵守镇：她 15 万，她生完孩子，身材就那么回事了。那我稍微胖了一点，但是我觉得我怎么也得有 12 万，所以你有没有考虑……

李　湘：守镇，我想问一下，那我们的制片人有邀请你吗？

赵守镇：他就要这样的，会说韩语，然后也丰满一点，他不要太瘦的。

李　湘：那你跟导演有见过面吗？

赵守镇：对，他特喜欢我，因为我是自然美嘛，我没有装修过，很不容易的了。

李　湘：守镇，那这样好了，我先跟导演沟通一下好不好？你的价格我也知道了，我先跟他沟通一下，我要尊重导演的意见。

赵守镇：你会再跟我沟通，是这个意思吗？

李　湘：对，我会继续再跟你沟通。

赵守镇：我要等几天呢？明天好不好？

李　湘：明天？

赵守镇：对。

李　湘：好。

杨　澜：很快，我估计你就被换掉了。

赵守镇：她就不要我了。

杨　澜：对，而且她回去跟导演说，那个韩国人还敢讲价，换了她。

李　湘：也许你第二天接到的电话是，守镇，恭喜你，你是我们这部戏的女一号。

杨　澜：这是梦想，做梦，可能性不大。李湘好厉害，所以就是说，她既要有分寸，又要留有余地，还要给予对方足够的尊重，所以这多个方面是很考量情商的。

赵守镇：我刚才感觉到她的那种女老板的力量，虽然刚才是在演。

杨　澜：有气场是吧？

赵守镇：有气场。

主持人是我的工作

杨　澜：我们回到我们的这个本行，李湘也是主持人，我们也都是主持人，谈谈主持这件事情。在这之前，你从湖南卫视到北京来，后来再回到湖南卫视的时候，其实也有新人出来对不对？

李　湘：对。

杨　澜：包括谢娜等等，都是非常好的娱乐节目主持人，会不会觉得自己的这种地位受到了一些威胁？

李　湘：我觉得不会啦，因为有的节目是需要新生代不断参与、更新换代的。比如说《快乐大本营》，它定位的观众就是年轻人，十几二十几岁的这些年轻的男生女生，那我觉得当然需要新鲜的血液，然后才能让这个节目一直这样红下去。作为我来说，身份发生了一些变化，心态也会发生一些变化，在台上再去游戏的话，我自己就觉得……

杨　澜：玩不起来，就会觉得有点怪怪的。

李　艾：有点不知道该参与好呢，还是在旁边看着好。

李　湘：就是很纠结的，我其实玩起来也很疯的。

杨　澜：对，对。

李　湘：但是我觉得这么多人看着我玩得这么疯……

杨　澜：主要是兴奋点不一样，就比如说同一件事情有人觉得好好玩，而你不太可能有那种兴奋的感觉。

李　艾：但是现在你知道，大家都在说什么"一姐"这个东西，也许你不在乎，但是我相信如果别人老在那儿说的话，应该会让你产生压力吧。

李　湘：我觉得压力不会有，大家都喜欢说那就说吧。我觉得有的时候也挺有意思的，比如说他们经常会说，娜娜是一姐，湘湘是一姐，就会比来比去。

杨　澜：特别是两个人的粉丝，也会比来比去。

李　湘：其实我觉得这个是我们的工作状态。对于我来讲，主持人只是我的工作之一，我尽力把它做好就可以了。

杨　澜：对，其实你的面已经比这个要宽广了。我这里有一张照片，这应该是做《快乐大本营》的时候的一张照片吧？你看，何炅，对吗？

李　湘：对，对。

杨　澜：还有舒高、维嘉、杨乐乐、魏哲浩，还有李锐。

李　湘：对，那个时候我们……

杨　澜：这是什么时候拍的？

李　湘：这个应该是在8年前吧，八九年前，记不太清楚了。

杨　澜：我真佩服何炅，他一点都没变。

李　湘：对。

杨　澜：这孩子还没长大呢。

李　湘：对，他就属于保鲜特别好的那种。

杨　澜：对。

李　湘：我们这次主持跨年演唱会，一起坐飞机回长沙。然后做完那个粉丝节，我们就穿回自己的衣服。因为台上衣服都是有设计师帮你设计的，差别不会特别大，可是生活中的那个服装，就很能看出一个人的个性。突然间有一个人在我面前出现，他穿那种花花的裤子、花花的衣服，一双运动鞋，然后背了个双肩书包，那双肩书包也是花花的。然后我说何老师就好像一个中学生，跟我们在一个队伍里混。他平时的心态就是一个孩子，一个学生。

杨　澜：那你看到自己，是不是觉得已经有很大的变化了？

李　湘：我觉得其实我的心态没有太大变化，但是我觉得我的状态，给人感觉的状态，包括我已经结婚了，已经当妈妈了，所以给人的感觉，可能会更成熟一些了。

赵守镇：就像我以前在健身房当健身教练的时候，我离开健身房，我以为我走了，好多会员会跟我一起出来。但是，有新的教练过去之后，比我还要受欢迎，其实我当时心里挺吃醋的、挺酸的。你有没有这种感觉？因为我看谢娜跟何炅做得挺好的，你有没有这种感觉？

李　湘：我觉得不会，因为我觉得是一种骄傲。《快乐大本营》对我来说，是我步入工作做的第一档综艺节目，然后我做了几年的时间离开了，那档节目一直到现在还有。如果那个时候那个节目没有的话，我想现在的孩子可能不知道《快乐大本营》是什么，可能都不知道李湘曾经主持过《快乐大本营》。可是现在，《快乐大本营》的观众还仍然记得李湘曾经主持过《快乐大本营》，那要特别谢谢快乐家族能够把快乐延续，对我来说我其实是特别感激的。如果这个节目，比如说娜娜也结婚了，或者何老师以后也……

杨　澜：不，何老师就待在那儿，下次我估计还有个什么娜娜，湘湘，花花的都有可能。

李　湘：如果说这个节目一直能够这样持续下去，一代一代这样地延续下去，让快乐传递下去的话，我觉得对于我来说，对于谢娜来说，对于曾经参与过《快乐大本营》的工作人员来说，都会是一件很幸福的事情。

杨　澜：你会不会有时候问何炅，到底跟哪个女主持人合作得最好？

李　湘：你根本都不用问他这个问题。

杨　澜：为什么，他会主动？

李　湘：因为所有人都知道他心里的那个答案是什么。

李　艾：是什么呢？

李　湘：就是跟谁都很好，我觉得在我们主持人中间，尤其是在湖南卫视的所有员工心目中，何老师是一个没有缺点的人，他跟谁都非常好，很善解人意，很随和。

女人应该完整一点

赵守镇：你是不是为了复出也会减肥？

李　湘：会。

赵守镇：是吗？

李　湘：对。

杨　澜：好像这方面你努力蛮大的是吧？

李　湘：其实我特别懒，但我的胃口很好，吸收功能也很好。只要头一天晚上多吃一点，第二天我就觉得自己好像长胖了。

杨　澜：会给自己一种压力吗？

李　湘：没有，没有。那天我们在台上录样片，录了 15 个小时，因为录了两期，连着一块儿录的，一直录到凌晨 3 点多钟。天啊，从我刚上场的时候，到最后一场录完以后，我们化妆师一直在边儿上看着我说，本来还有个小肚子，录到最后一期就没有了，还说我现在瘦身最好的办法就是主持节目。

杨　澜：15 个小时站在那里，是一个巨大的能量的消耗。

李　湘：对，对。

杨　澜：在生完孩子之后，你都试过一些什么样的减肥方法？

李　湘：说起来挺不好意思的，我其实也挺享受自己这种胖胖的感觉的。有的时候，可能是我先生的问题吧，我每次……

杨　澜：他把你喂得很好？

李　湘：他根本都不做饭，我自己把我自己喂得很好。他主要是精神上的那种，就是我说老公你看我胖吗，他说不胖不胖，我觉得你太美了，我觉得你这样特别可爱。他就是经常会说这种骗人的话。

杨　澜：其实女人都需要被骗的，但是你知道他是骗人的。

李　湘：我跟你说，我知道他是说骗人的话，可是我就是特别爱听。

杨　澜：爱听？

李　湘：对，自己长胖以后，就是特别想听他说这句，不胖，挺美的。然后我就会觉得很宽心，没关系，还可以再吃一点。

杨　澜：再吃一块猪蹄。所以现场的男人们都要学着点。

赵守镇：老公虽然说很可爱很漂亮，但是好多媒体也拍出来你刚生完孩子还没减肥的照片，有难过吗？因为跟以前比较，太大的差距了。

李　湘：其实也不难过，我觉得我就是属于心态比较好的那种。有一次我们那个《一不小心爱上你》开发布会，就是我们所有的演员都站在台上，然后我坐在台下。我当时坐的那个凳子比较矮，突然间有一个人就趴在那儿拿摄像机拍我，往上拍。我说你干吗呢？你这样拍我也很胖的，你不用蹲到下面。后来我在网上也会看到一些很胖的照片，但是我确实很胖嘛，你怎么拍都胖。因为心里会想，刚生完孩子不胖才怪呢，所以我觉得挺正常的，没关系。

杨　澜：但是你看有些妈妈，刚生完孩子还那么瘦。于是媒体又质疑，这孩子是她生的吗？真的，你要是想让所有的人都说好，那基本是件不可能的事情，还是安安心心做自己。我觉得李湘心态很好，她还自己拍了自己的照片放到网上去了，是不是？

李　艾：可爱自拍了。

李　湘：是那个微博吗？

杨　澜：对。

李　湘：因为大家老是拍我很胖的照片，我就自己来拍几张显瘦的照片。

杨　澜：你女儿真可爱，就像商店里卖的那种可爱的娃娃。说说孩子现在处于一种什么样的状态。

李　湘：她现在不能够独立行走，要扶着那个桌子，然后自己慢慢地坐在小车子里就可以走了，慢慢地移。她有的时候会像天使，有的时候会像小恶魔。她不高兴的时候，就会不配合你，比如说吃东西她也不吃，她特别不喜欢吃橙子。

杨　澜：但是你想让她多吃点维生素对不对？

李　湘：对，多补充一点，北京天气很干的，所以我会买很多橙子给她。我每次买的时候都会先吃，看酸不酸，因为她不喜欢吃酸的东西，如果很甜的话就会给她吃，但是她还是不爱吃。

杨　澜：会吐出来？

李　湘：对，有一次我女儿她也惩罚我。为什么我说她有的时候像小恶魔？就是有一天，我给她切了很多橙子，然后就一片一片喂她，她不吃，后来我就想了一招，我女儿特别喜欢别人表扬她，夸奖她。我就跟阿姨一起配合，就给她一片，她含在嘴里，我们马上就说好乖好乖，然后她看我们说她很乖，就吃掉了，然后再给第二片，好乖好乖，然后她又吃掉，然后第三片，她又吃掉，就这样吃了应该五六片的样子。

杨　澜：不错。

李　湘：对，还不错。结果第二天，我们又切橙子给她，喂了半天，她就不吃。后来她就用手拿了一片给我吃，你知道她的手总在地上摸，很脏很脏的。

杨　澜：对。

李　湘：然后她就用手抓了一片橙子放到我的嘴里，我其实特别想拒绝，因为她的手太脏了。但是我就想妈妈得做榜样啊，就吃吧，我一吃完，她马上又拿一片给我吃，然后我又……那么脏，算了，自己女儿嘛，就吃进去，她就又学那招儿。

杨　澜:有样学样。

李　湘:以其人之道，还治其人之身，对，学那招儿来对付我。所以有的时候，我们说话也会特别注意，然后做动作也特别注意。她奶奶特别特别宠她。

杨　澜:奶奶没有不宠的。

李　艾:对，隔代亲。

李　湘:对，就是太宠她。在 iPad 里有一个叫“会说话的汤姆猫”的游戏，就是你拍它一下，摸它一下，它就叫一下。我就给她玩那个游戏，然后奶奶就学会这招儿了，我女儿就拍奶奶，奶奶马上学那个猫叫。我女儿觉得挺好玩的，然后又拍一下，就像拍那个 iPad 一样，又拍奶奶一下，奶奶又叫。后来她可能觉得，这样可能大人会很开心，她不知道这样打别人其实是一个不好的行为，因为奶奶一直都很开心的样子。后来我妈妈来了，她上去给姥姥一巴掌，姥姥就蒙了，怎么回事?

杨　澜:我以为姥姥就“汪、汪”呢。

李　湘:因为姥姥搞不清楚状况，然后就问怎么回事，怎么会学成这样。所以有的时候，因为第一次做妈妈，其实没有经验，包括我的婆婆还有我妈妈，都是第一次做奶奶和姥姥，所以她们也没有经验，也是边做边学。

赵守镇:有了孩子以后，你觉得会更有耐心吗?

李　湘:会，会。

杨　澜:女儿对你有什么磨炼?

李　湘:我觉得会去包容别人，更学会了去爱别人，因为以前可能被爱多一点，所以有的时候会比较任性，比较自我。但是有了女儿之后就会去体会别人的感受，会去爱别人。

杨　澜:对，没错。哪怕是她把脏脏的东西塞到你嘴里，你也甘之如饴。

李　湘：对。

李　艾：你老公会跟女儿争宠吗？

李　湘：我老公争宠？

李　艾：对，就是有人说，当你有了孩子，你全部心思都放在孩子身上的时候，老公就不干了。

杨　澜：老公就会感到被忽视了。

李　湘：是我觉得自己被忽视了，不是我老公。

杨　澜：真的吗？为什么会有这样的情况？

李　湘：因为我先生太爱女儿了。在他的心目中，以前我是他最爱的女人，他心里好像除了他妈妈之外，然后都是我。现在我经常会问他，老公你最爱的是谁？他说王诗龄（女儿）啊！他就根本不会犹豫，马上就王诗龄。我说那我呢？他说，对，还有你。

赵守镇：那他从外边回来，或者是出差回来，进门第一个找的是你还是……

李　湘：就是女儿。早上起来第一件事情就是，我女儿呢？就要去女儿的房间。

杨　澜：那他需要跟我老公学习一下，我老公始终把位置摆得很正的。

李　湘：是吗？

杨　澜：真的，真的。

李　湘：杨澜姐，你有两个儿子对吗？

杨　澜：我是一个儿子，一个女儿。但我老公的态度非常端正，他每次一进门就跟孩子们说，知道爸爸最爱的人是谁吗？是妈妈！这在于培训和教育。

李　艾：我现在觉得，李湘她比较完整，有家庭、孩子，然后做老板、主持人。如果她想演戏她也能演，反正她负责这么多部戏，自己给自己找个角色也没问题。我就是觉得女人应该完整一点。

杨　澜：好，那就祝李艾能够早遇到心仪的那个人。

李　湘：其实有的时候，我也会有像李艾那样的一个阶段。可能因为我出道比较早，那时候很小，在我主持《快乐大本营》几年的时间里，我每个星期六都在主持节目。我的生活除了《快乐大本营》，好像就没有别的。然后突然有一天，我就觉得，我一辈子就要这样过下去吗？我已经那么大了，那个时候有二十七八岁，然后我觉得，我应该过另外一种生活，就是很完整的生活。虽然我很热爱电视，但是我不能为了电视没有我自己的生活，所以我就决定离开，然后去过一种相对来说比较正常的生活。之前我连超市都没有去过，我都不知道白菜多少钱一斤，鸡蛋多少钱一斤之类的，完全不懂生活。

杨　澜：你唯一了解的就是剧组的盒饭，鸡腿、宫保鸡丁，然后还有什么炸鸡块，反正就这几种组合，吃盒饭的人都深有体会。我就希望新的一年，大家的生活都能够丰富多彩，特别是情感上不要有空白，因为说到底，我们最能够感受到的幸福来自于我们周围的人，来自于我们与他们之间的关系。